普通の会社員でも
起業・副業に
チャレンジできる!

あなたの「当たり前」が武器になる

自分の価値を見つける7つのヒント

おだゆきえ 著

セルバ出版

はじめに

私が会社を設立したときに、たくさんの方から「おめでとう」というお祝いの言葉をいただきました。嬉しい反面、「大したことをしていないのに」というムズムズした感覚を覚えています。

なぜなら私は、20年間ずっと会社員をしていて、父も普通のサラリーマンだったので、個人で仕事をしている人はみんな会社を持っていると思っていました。自営業やフリーランスの方もみんな、「会社」にしていると思って、独立したら、会社を興すのが普通の流れだと思い込んでいたのです。

私は4年前に会社を退職して、「普通」に起業しました。起業するまでは20年間、「普通」の会社員でした。そして起業する際に、「会社といえば株式会社でしょ」と思っていたので、「普通」に株式会社をつくりました。そうして代表取締役社長になった今でも、私は自分のことを「普通」だと思っています。普通というのは案外、一番わかりにくい言葉かもしれません。「普通」の定義は、人によって違うからです。

私たちは日常生活の中で、「普通はこうだよね」とか、「普通はこうするんじゃないの」とか、頻繁に「普通」という言葉を使っています。

でもその「普通」は、それぞれの価値観の中から出てくるものなので、自分にとっての「普通」が、他の人の「普通」であるとは限りません。同じように仕事の場面でも、自分が普通にできている「当たり前」のことが、他の人にとっては難しくてできないことがあり、逆もまた然りです。

今、起業や副業というのは身近なことになってきました。特に女性は、昇進・昇給をするのか決断したり、ライフスタイルが変化したりするなど、これまでのキャリアを手放さないとならないことがあり、男性よりも悩みが多いです。

本書は、起業や副業をしたいと考えていて、「でも私には何ができるのだろう」と悩んでいる方々に向けて、私の例を参考にしていただければと思い書きました。

私は、自分が「普通」にできる、「当たり前」にできることで起業しましたが、実はこれは誰にでもできることなのです。

起業や副業をするためには、何か資格を取らなければいけないとか、何か特別な才能がなければいけないとか、どうしても考えてしまいがちですが、そんなことはありません。自分が「当たり前」にできることから始めればいいのです。

「好きを仕事に」「好きなことで収入を」など、耳障りのいい言葉を見聞きします。実際に、好きなことを仕事にして収入を得ていくことができたら、最高です。私自身が「好きを仕事に」と思って20年前にＩＴ企業に就職したもののなんだか違いましたし、今は仕事柄、起業・副業を目指し、「好きを仕事に」しようと壁にぶつかっている方を多く見ています。

起業・副業でつまずかないように、自分自身の仕事に対する価値を明確にし、どうやって収入を得るのかを思い描き、そこから順を追って「好きを仕事に」していく方法もあります。

もちろん、資格や才能がある方は、それを活かしたほうがいいですが、私のように「普通」に「当たり前」にできることを活かすことも、もしかしたら才能の1つかもしれません。ぜひ、「あなたの当たり前」を探してみてください。

本書では、なぜ起業・副業でつまずいてしまう人が多いのか、その理由と、そうならないためにあなたの価値の見つけ方のワークを通して一緒に進めます。そして、収入を得るために大切な価格設定の方法や起業・副業にチャレンジするための道順を、普通の会社員だった私だからこその経験と目線でお伝えします。

本書がヒントになり、「あ、他の人にはできない、私の普通はこれなんだ」、「私の当たり前が武器になるんだ」ということに気づいていただければ嬉しいです。

２０２４年３月

Ｙ’ｓエスコート株式会社　代表取締役　おだゆきえ

普通の会社員でも起業・副業にチャレンジできる！　あなたの「当たり前」が武器になる　自分の価値を見つける7つのヒント　目次

第2章　価値はすでにあなたの中にある

第3章　安易に自分を「安売り」しない

第4章　上手に計画を立てる

第5章　ゴールを適切に設定する

第6章　予定を詰め込みすぎない

第7章 最後までしっかりとやり切る

第1章

起業・副業でつまずく人が多いのはどうして？

1 「好きなこと」を仕事にしても大丈夫？

「好きなこと」を冷静に見てみる

今、会社員をしている女性の方で、いつか起業したり副業したりしたいと思っている方の中には、自分の好きなことで起業したいと考えている方がたくさんいます。

例えば、子どもの頃からの夢だったパン屋さんを開きたい、ずっと絵を描くのが好きだったからイラストレーターになりたい、人を癒すことが好きだからマッサージサロンを開きたい、ネイルが好きだからネイルサロンを開きたい、などなど。

実は私自身もネイルが好きで、いつかネイルサロンを開けたらいいなと思っていました。

会社員時代の私は、ＩＴ企業でシステムエンジニア（ＳＥ）として働いていました。

ＳＥの仕事では、取引先に出向いて話をすることもありましたが、ほぼ毎日パソコンに向かって資料を作成したり、プログラムを作成したりすることが多く、常に納期に追われている感覚がありました。もちろん、仕事にやりがいや楽しさも感じましたが、家と会社の往復の日々に、「いつか会社を辞めたい」とばかり考えていました。

そんな中、好きなネイルを仕事にしていつかネイルサロンを開くことを夢見て、ネイルの資格を取ったりもしていました。

しかし私は、すごく人見知りの性格なので、「実際にネイルサロンを開いてもお客さまの接客をするのは難しいだろうな」ということにも気づいていました。そこで、ネイルの講師を目指す道を選んだのですが、どんなにネイルの技術を磨いたとしても、世の中には、私よりもっともっとすごい技術を持った方がたくさんいます。

ですから早い段階で、「漠然とした夢だけでは実際に起業できないだろう」と冷静に考えているところがありました。

好きなことで起業できたら幸せなことですが、「好きなこと」を仕事にするには、冷静に考えなくてはいけないことがたくさんあるのです。

「好きなこと」は採算度外視？

人はそれぞれ、「好きなこと」に対して思い入れがあります。

でも思い入れが強すぎると、売上や利益、原価率など、現実的な要素に目が向かなくなってしまうことがよくあります。

例えば料理が好きな人が、自慢の料理を出す自分のお店を持つことになったとき、より美味しい料理をつくるため「いい食材」にこだわってしまうと、原価率が上がって利益が出なくなることがあります。趣味で美味しい料理をつくっている分にはいいのですが、仕事となると、どこかで妥協しなければならない可能性が出てきます。

好きなことを追求することは素晴らしいことですが、それがビジネスとなると別なのです。ビジネスでは採算を取らなくてはいけませんし、強いこだわりをどこかで捨てなければいけなくなる場合が出てきます。

こだわりを捨てることで、モチベーションが落ちてしまうことがあります。すると、せっかく立ち上げたビジネスを早々にやめたくなってしまうかもしれません。ついには仕事として立ちいかなくなってしまう危険性があります。

イラストを描くのが好きだからといっても、自分の好きなイラストを描くことと、クライアントさんの要望通りのイラストを描くことではずいぶん違ってきます。ときには不本意なイラストを描かなければいけないこともあるでしょうし、自分自身が満足できるものを描くために制作に時間をかけすぎると、やはり採算度外視な結果となってしまいます。

私がSEをしていたとき、「この機能があったほうがお客さまの作業が楽になる」と提案しても、予算や納期の都合で、その機能を取り入れられないということもありました。

「好きなこと」をビジネスにすることで、自分のこだわりを捨てる場面も出てくるので、「好きなこと」を嫌いになってしまう可能性もあります。「好きなこと」をビジネスにしようとする前に、一度冷静に考えてみるのも1つの方法です。

「好きなこと」は長続きする？

「好きなこと」だから長続きするのかということも考えてみてください。

料理が好きだからといって、万人が認める美味しい料理を毎日つくり続けることができるのかどうか、パンづくりが好きでも、パン屋さんになると、毎日同じパンを同じレベルでつくり続けることが求められますから、果たしてそれができるかどうかということが問われます。

あなたがつくった料理やパンを食べてくれる友人たちが、美味しいねと褒めてくれることと、お金を払ってまで買ってくれるかは別の話です。

同じように、個展を開くほどの腕前の絵でも、友人たちが素敵な絵だねと褒めてくれることと、お金を出して絵を買ってくれるかは別の話なのです。

「好きなことをしたいだけで、儲けようなんて思ってないから大丈夫！」

このように思っているかもしれませんが、儲けが出ないとビジネスとしては成り立ちません。

「好きなこと」が確実に売り物になるかどうか、そしてそれをずっと続けていくことができるかどうか、まずは冷静に考えてみることをおすすめします。

「好きなこと」については、好きである分だけ、冷静に考えてみることが難しいかもしれません。

それはまるで恋愛と同じで、好きな人と長続きするかどうか、冷静な判断が必要なのです。

「好きなこと」だけでは成り立たない

会社員時代、先輩に「好きなことを仕事にすると、いつか嫌いなことになっちゃうよ」と言われたことがあります。「好きなこと」を仕事にすると、やりたくないことや苦手なこともやらなければならない場面が出てきます。すると「好き」より、「つらい。苦しい」が前面に出てしまい、嫌いと感じてしまうのです。そこを乗り越えると、好きなことを仕事にできるのですが、その前に挫折してしまう人が多いです。

なぜ起業・副業したいのか、本当の理由と今のあなたの状況を考えてみることも重要です。

今、会社員として働いているあなたが、就職するときに「好きなこと」を念頭に会社を選んだのならば、今の仕事でキャリアアップを目指すという選択肢はないかどうか。今の仕事は「好きなこと」ではないけれど、「好きではない仕事」を本業としつつ、副業で「好きなこと」をするという選択肢はないかどうかなど、じっくりと考えてみてください。

会社員として働くというのは、安定した収入が得られるということです。その安定を捨ててまで、リスクや不安定要素のある起業をしたいという方は、「好きなこと」がそのまま仕事になるわけではないという認識を持たれた上で、この先を読み進めていただければと思います。

2　起業・副業にも「やりたくないこと」はたくさんある

「不安」と「不満」、どちらを選ぶのか

会社員時代の私には、たくさんの「不満」がありました。

信じられないくらいの残業がありましたし、一生懸命開発したシステムを上司の手柄にされることもありました。そんなことは、会社員であれば誰もが経験することかもしれません。

会社で嫌なことがあるたびに、「いつか辞めてやる！」と考えていた私は、転職しようと考えたことが何度もあります。

でも実際に転職しようと思うと、転職に関わる労力が結構大変だったので、面倒くさがりの私は、会社の研修制度を活用して学んだり、我慢していればもらえる給料で起業セミナーへ行ったりしていました。

やがて私にとって、「会社員をしている」というのは、起業準備のための時間とお金がもらえるありがたい時期だと思えるようになりました。

起業した今、私には「不満」はありませんが、その代わりに「不安」が山ほどあります。でも「不安」は１つずつ潰していけるので、私は「不満」より「不安」のある道を選んでいます。

「不満」も「不安」もないという方はまれです。もし、自分は「不安」には耐えられないと思われるならば、「不満」を抱えたまま会社員を続けていくほうが向いているかもしれません。

やりたくないことは、やらなければならないことに変わる

会社員時代の私にとって、やりたくない作業をすることは本当に苦痛でした。

多分そこには、人間関係が絡んでいたと思います。好きな上司からの無理難題には頑張って応えようと思えましたが、苦手な上司や取引先からの無理難題には、手をつけることすら嫌でした。でも会社員ですから、会社の方針には従わなくてはいけなかったし、私のやり方のほうが早いと思っていても、そのやり方を頭から否定されることもよくありました。

起業した今でも、面倒くさいと感じる作業はあります。ただそれはすべて自分のやり方でやれるので、やりたくないことも、「やらなければならないタスク」として捉えると、作業を終えた達成感が持て、いつの間にか日々のルーティンとしてこなすことができるようになりました。

自分の会社なので、自分の上司は自分です。自分自身が、理想の上司になることで、自分のためにタスクをこなせるようになるのです。

起業をしたら、やりたくないことはやらなくてもいいと思いがちですが、そんなことはありません。むしろ、何でも自分でやらなくてはいけなくなります。とても安易な例え話になりますが、起

業するということは、実家を出て独立して１人暮らしをすることと似ています。

実家にいるときは、洗濯も掃除も料理も、家事はぜんぶ母親がやってくれていたかもしれません。でも１人暮らしになると、それらを全部自分でやらなければいけなくなるので、面倒くさくても、きちんと生活するためにはやらなければならないので、そのうちに慣れてきます。

独立するということは、自分の生活全般に責任を持ち、自分の暮らしを構成するすべてのことに自分で目を配り、手をつけるということです。

何でも１人でやろうとしない

誰もがマルチタスクができるわけではありません。

どうしても苦手なことは人に頼めばいいのです。従業員を雇える余裕があれば、自分の不得意分野を得意とする人を雇ったり、もしくは外注として専門家に依頼するなど、自分自身で何でも抱え込まないようにしたほうがいいです。

いつかはやらなければいけないとわかっていても、どうしてもやりたくないことを抱えているストレスは、モチベーションと効率を下げますし、何よりそれに囚われている時間がもったいないです。人を雇ったり、外注したりするお金を生み出そうと考えるほうが建設的です。

私は今、株式会社の代表取締役社長ですが、社員はいません。

法人登記のできるシェアオフィスを借りていますが、基本的には1人で仕事をしています。細かいお金の計算が苦手なので、会社を設立して真っ先に税理士さんと契約し、苦手な経理関係のことをお任せしました。自分が苦手なことは、私よりも得意でうまくできる人にどんどん依頼していきたいと思っています。

私は1人で起業しましたが、常に周りに相談できる人たちもいるし、クライアントさんたちと一緒にプロジェクトを動かしたりもしているので、仕事にやりがいを感じています。やっと自分のことを起業家なのだと自覚できるようにもなってきました。

3　成功者の言葉をうのみにしない

華々しい女性起業家さんの住む世界

私も今では女性起業家の1人ですが、成功している女性起業家さんたちの本を読むと、自分とは全然違う世界のことのような気がしてしまいます。

世界を股にかける社長さんもいる中で、私は何をやっているのだろうと比べてしまうこともありますが、そんなときは人と比べても意味がないと思うようにしています。

東京商工リサーチによると、2022年、女性社長は全国に58万5000人近くもいるそうなので、華やかな人もいれば、私のように地味な人間がいてもいいだろうくらいの感覚です。

女性に限らず、成功者の方たちの本を読むと、大事なのは迅速な行動力と高いコミュニケーション能力だと書いてありますが、私にはたぶん、どちらもありません。熱意とか使命感とか人と違うアイデアとかもほとんどありません。

どちらかといえば、常にクールな性格で、華々しい人たちとは一線を画しています。だからこそ華々しい女性起業家を見ても憧れはするけれど、キラキラと華やかなところに身を置きたいと思うことはありません。

成功者と比べない

成功者と呼ばれる偉大な経営者の方たちは、たくさんの名言を残しています。そんな名言を座右の銘にしている方も多いですが、最初から成功者の名言をうのみにして頑張っても、それはプロセスを飛ばして結論に飛びつくようなものです。

よほどの才能がない限り、すぐにその位置へ行ける方はなかなかいないでしょうし、才能があっても何もしなければ成功を手にすることはできません。

誰しも成功するまでには、それなりのプロセスを経ているのです。成功した人の言葉は、成功したからこそ見えてくる言葉であって、その前段階の人にとっては、本来の言葉の意味を取り違えてしまう可能性もあります。

今はいろいろな働き方があり、多様性の時代なので、「成功」の意味も人それぞれ違っています。他の人と比べてばかりいると、自分はできていないと感じて落ち込んでしまうこともあります。

成功している人を目標とすることに意味はあっても、成功者と比べることには何の意味もありません。

4　仕事にするのは「得意なこと」

はじめにビジョンが見えなくても

私は元々、何かやりたいこととか、壮大な想いや野望があって起業したわけではありません。

ネイルサロンを開きたいというふわっとした夢を、しっかりと現実を見ることで諦めてからは、それこそまたふわっと起業セミナーに通っていました。

私が勤めていた会社には、私のロールモデルになるような上司や先輩もいなかったので、目指したいポジションもなく、定年まで自分がこの会社にいるというイメージが一切湧かなかったのです。

何をして起業するかということはまだしっかりと考えていませんでしたが、「何か変わりたい」と感じ、起業セミナーに通っていました。

起業セミナーでは、自分の未来のビジョンをどんどん出していくというワークがありました。私は1つも出せなくて、毎回泣きそうになっていました。周りの人たちは、素晴らしいビジョンをたくさん出していて、1行も書けない自分が悲しくて、ああ、私は起業に向いてないのかもしれない、早く帰りたいと何度も思っていました。

さらに、「自分の強みワーク」では、自分の武器になるような強みを書き出さなければいけなかったのですが、1つも書き出すことができませんでした。どんなに考えても、「自分の強み」や「得意なこと」が、全然思いつかなかったのです。

エピソード＆ヒント①

あるとき、パソコン作業が苦手な同じセミナーの受講生の方が、エクセルを使いこなせなくて困っていました。そこで私がお手伝いしましょうかと気軽に声をかけ、ほんの30分ほどで資料をつくったことがありました。するとその方は、自分でやったら3日間もかかることを、私があっという間につくってしまったことにものすごく驚かれ、とても感謝してくれました。

そして、私にとっては目を瞑っていてもできる30分ほどの作業に料金を支払ってくれると言うので、私は困ってしまいました。私にとっては「普通」にできる簡単な作業だったので、「あ、全然いいです、いらないです」と固辞したのですが、どうしても支払いたいと言うので、「じゃあ、すみません、1000円いただきます」と言いました。

そのうちに、他の方からも頼まれるようになってきて、「あれ？　みんなできないのかな」と思い始め、私の「普通」は、もしかしたらみんなの「普通」ではないのかもしれないと気づいたのです。

それからは、他の方ができないことをお手伝いする感覚で、しばらくは数千円でお手伝いしていました。

そして私は気づいたのです。私の「得意なこと」はパソコン作業なのだと。

毎日毎日、私はSEとして、会社でたくさんのSEに囲まれて仕事をしていました。できて「当たり前」の私のスキルが、できない人から見ると、すごいと思われるのだということに気づきました。

私が苦もなく「普通」にできること、それがまさに自分の強みなのだと知りました。

私の20年①

会社員時代、「ゆきえさんはSEだから、パソコンのことは詳しいでしょう」と言われるたびに、「いえいえ、全然そんなことないです！」と答え続けていました。本当にそう思っていたのです。

私が会社に入った頃は、Windows95が世に出て数年、パソコンを持っている人も少ない時代でした。「IT業界」なんて言葉も浸透していませんでした。私は自分の仕事のことを、「コンピュータ関係の仕事」、「情報処理関係の仕事」などと説明していました。

会社には女性も少なく、取引先のところへ行くと、女性が来たと珍しがられていたような時代です。私の周りの人たちは、マニアックでオタク気質な人も多く、「趣味はプログラミング」なんて人もたくさんいて、仕事以外の時間にも、あくなき探求心でコンピュータのことを勉強している人がたくさんいました。

ですから私は、「自分はパソコンに詳しいはずがない」と思い込んでいました。

ましてや私は文系出身で、英語と数学が苦手でしたから、私の周りにいるマニアックな人たちの中で、私はパソコンが全然できないと思っていたくらいです。

ところが、いつの間にか私の20年の経験とスキルは、役に立つ「得意なこと」になっていたのです。

5 「普通にできること」を見直してみる

資格を取らなければ、ではない

ただ、自分の「得意なこと」を見つけても、はじめはまだそれが起業に結びつくとは考えていませんでした。起業をするということは、何か特別なことをしなければいけないと思い込んでいたのです。何となく、「資格を取ったほうがいいんじゃないか」とか、「誰もできないようなスキルを身につけたほうがいいんじゃないか」とか、そんな思い込みが、自分の視野を狭くしていたようです。

起業をするために、例えば宅建の資格を取るなどというのは、それが不動産の仕事をする場合には必要なことだとは思いますが、中には、取れるものならありとあらゆる資格を取ってしまおうと考える方もいます。私自身、ネイルサロンを開きたいと思ってネイリストの資格を取ったので、資格さえ取っておけば何とかなると思う気持ちはよくわかります。

とにかく資格取得の勉強さえしていれば、何かしら前向きにやっている気持ちになりがちですが、資格を取ることが起業への近道ではないことは確かです。資格というものは、それが必要になったときに取得してもいいものだとも思います。

灯台下暗し

会社員として働きながら通った起業セミナーで、これから起業したいという方や、すでに起業した方たちと出会えたことは、私の大きな財産となりました。

私のパソコンのスキルを知った人たちが、いろいろな方を紹介してくれたので、私は副業として、少しずつパソコンを使った仕事をするようになりました。

特にこれまでパソコン作業が好きだと思ったこともなかったのですが、考えてみると私は、パソコンの前に座っていると、ご飯を食べることを忘れたり、トイレへ行くのすらも忘れたりするくらい、ずっと没頭していられます。

それは「好きなこと」というより、私の「普通」だったのです。

私は起業するために通っていたセミナーで、他の人とは手段が違いましたが、やっと私の強みを見つけることができました。まさに灯台下暗し、私の強みは日々の仕事の中にあったのです。

それから私は、ＳＥだらけの職場でＳＥとして仕事をしていたときにはほとんどなかった喜びを見つけました。それは、人から感謝してもらえたことです。

パソコンが苦手な方のお手伝いをすることで、驚くほど感謝してもらえた私は嬉しくて、人のサポートをすることが私の喜びになることを知ったのです。

誰にでもある「得意なこと」

誰もが日々普通にやっていること、苦もなく当たり前にやっていること、それが実はその人の「得意なこと」である可能性があります。

自分では簡単にできることを、他の人がうまくやれなかったりするのを見ると、なぜこんなことができないのだろうと思ったりしますが、それこそが、あなたの「得意なこと」だったりします。

料理の得意な人からすると、簡単にできる味噌汁でさえ上手につくれない人のことが不思議に思えるかもしれません。絵を描くのが得意な人からすると、ただ見たままを描くだけのことがどうしてできないのだろうと思うでしょうし、片づけが得意な人からすると、どうして毎日使ったものを元の場所に片づけることすらできないのだろうかと疑問に思えるでしょう。

私は1度、パンづくりが得意な人たちの中にいて、みんなが簡単にメロンパンをつくれることを知り、びっくりしたことがあります。家でメロンパンをつくれるなんて、パンは買うものだと思っている私からすると、本当に衝撃的なことだったのです。

このように、あなたの「得意なこと」は、あなたの「当たり前」にできること、「普通」にやっていることなのです。

できない人に対して、どうしてできないのだろうと疑問に思うこと、あなたにはできて人にはできないこと、それこそが、いつの間にかあなたが身につけているあなたの「スキル」なのです。

「得意なこと」に気づくには

私がもし起業セミナーへ行っていなければ、自分の「得意なこと」に気づくこともなく、今でも悶々と不満の中で過ごしていたかもしれません。

私はなぜか自分の居心地の悪い場所に行きたがる傾向があり、セミナーでも本当に居心地が悪い思いをしていました。

そのときの私にとっての居心地が悪い場所というのは、同じような境遇と価値観の会社員の人たちとばかり接していた場所ではなく、異業種・異業界ですでにビジネスを立ち上げ、自分の売上は自分でつくっているような、私がこれまで経験したことのないことをたくさん経験している人たちがいる場所、一緒にいることが場違いだとすら思えるような環境のことです。

もちろん周りと比べ、「私には何もない」、「あの人もこの人も、みんなすごい」と思いましたが、そんな先輩たちと一緒にいることで、「ちょっと先を行く未来の自分」がイメージできたので、気持ちいいくらいの新鮮な感覚になり、これはありがたい環境なのだと捉えられました。

人は、居心地のいいところだけにいると何も変わらないのです。

「コンフォートゾーンを抜けよう」という言葉がありますが、私はいつも、「ちょっと背伸びしないといけない場所」に身を置くようにしています。

私が自分の「得意なこと」に気づけたのは、自分とは違う様々な価値観や世界の中で生きている、普段の生活では出会うことのなかった人たちに出会ったからです。「得意なこと」は、そんな環境に身を置くことで見えてくるのかもしれません。

例えば、仲のいい友人たちとばかり会っていると、必然的に自分のキャラクターが固定されてしまいます。また、ＳＮＳで同じような価値観の人たちとだけつながっていると、世の中の見方に偏りが生まれますし、同業者とばかり話していると、見える世界が限られてきます。

自分の狭い世界から飛び出してみることで、自分の「当たり前」が当たり前ではなく、新鮮な個性として捉えられ、「得意なこと」であることに気づくきっかけになるのかもしれません。

起業のとき

私は、会社員生活20年の間に自分がしてきたことを全部書き出してみました。これをスキルの棚卸といいます。

官公庁の受付窓口システムの開発、金融機関の基幹システムの開発、データベースのバックアップシステムの導入支援、大手部品メーカーの生産管理システム、大手部品メーカーの社内業務システム開発、官公庁の会員登録システムの開発、などなど。

私は主に、システム開発を担当し、それを利用する方々から、どんな機能があったらいいかなどの要件をヒアリングし、システム全体の設計、開発、テスト、導入、導入後の運用保守まで、システム開発に関するすべての工程を担当していました。

さらに、私の場合は1つのプロジェクトや案件を選任で担当していたのではなく、複数の案件やプロジェクトに同時に関わっていました。私自身が様々な作業を並行して進めていましたし、プロジェクトリーダーとしてスケジュール通りに進んでいるのかを管理することもしていました。

システム開発の現場では、納期厳守と品質確保が必須であり、そのためにお客さまやプロジェクトメンバーといろいろな調整をすることも多くありました。

案件やプロジェクトによって、私の立ち位置や進捗状況も異なるので、場面によって切り替える対応力が身についていたようです。

私が担当したプロジェクトは、納期遅延や赤字で終わることは1つもなく、顧客満足度も高い評価をいただいていました。

私自身が、お客さまとプロジェクトメンバー、場合によっては社内の上司との調整やスケジュールの管理は自然とできるようになっていて、そこにプラスして自分自身の担当作業を行うことも、苦もなくできていたので、周りの人もみんな、同じようにできるのだと思い込んでいました。

しかし、会社員という枠を出て知り合う人たちを見ているうちに、実は、調整が苦手な人や同時並行していろいろな作業をやるより1つのことに集中したい人、全体を把握するより細かい部分を抜け漏れなく仕上げることが得意な人、いろいろなタイプの人がいることに気づきました。

ということは、私にとって普通にできることは、システム開発はもちろんのこと、ヒアリングからシステムを使ってもらうまでのすべての工程管理、目標と計画を立てて、計画通り進んでいるか、目標は達成できるかというプロジェクトマネジメントだったのです。

これらのことすべてを「当たり前」にやってきて、いつの間にか私の「得意なこと」になり、強い武器になるのだということに気づきました。

自分の武器がわかったとき、私はやっと起業への第一歩を踏み出しました。

スキルの棚卸し、自分や他人の得意や苦手に目を向けることで、あなただからできることが見つかり、それが武器となっていくのです。

スゴイ！はやーい!!
私がやったら 3日はかかるのに
30分で仕上げてくれて
ありがとう！
こんなに
喜んで
もらえるなんて?!
ayaka

第2章　価値はすでにあなたの中にある

1　仕事の「価値」って何？

「価値」が活かせる場所

私の場合、SEとして20年間働いていたので、システム開発やアプリ開発ができるのは当然のことです。それが私の得意なことではあっても、そんなことができる人はそれこそ星の数ほどいます。むしろもっとすごい人たちがたくさんいることを知っているので、そんなすごい人たちと競争しなければいけない場所では起業できないと思っていました。

私には負けず嫌いなところがあり、勝ち目のない戦いをすることは好みません。ですから、自分が勝てるところで勝負したいと思っていたのです。私がやらなくても私よりうまくできる人がいるのなら、その人たちがやるのがいいと思っています。

実は私にはミーハーなところがあり、ずっと尊敬している憧れの、いわゆる「推し」のような人がいました。その方はカリスマ的な人気を誇るネイリストで、ずっとSNSでフォローしていました。あるとき、起業もしているその方が、ビジネスマーケティング講座を開くということを知り、これは行かねばと、単純にファンとして会いたい一心で申し込みをしました。

講座へ行くと、そこにはもう本当にキラキラした憧れの人と、それに負けず劣らず華やかな美容系の受講者さんたちがいて、私は圧倒されました。そして、自分の地味さにちょっと落ち込みながら、この人たちには勝てないと一瞬で悟り、とにかく圧倒されていました。

ここでもまた居心地の悪い思いをしていたのですが、その居心地の悪さこそが、新しい世界の扉を開くことになりました。

「価値」は人が教えてくれる

華やかな美容業界の人たちに囲まれながら、地味な私でも憧れの人と顔馴染になれて、それだけでも十分に幸せでした。あるとき、私がＳＥであることを知った彼女から、セミナーの資料づくりを頼まれました。密かに私は有頂天になりました。

彼女は私がつくった資料を見て喜んでくれて、次第に他の仕事も依頼してくれるようになりました。そして彼女の周りの起業家の方たちからも仕事を依頼されるようになりました。

美容業界の方は、スマホ１台で仕事をしている方が多く、パソコン作業が苦手な方が多かったのです。パソコン作業は、私にとっては簡単にできる「当たり前」のことです。私が簡単にできることでお手伝いをすると、サロンのオーナーさんたちは本当に喜んでくれるのです。

私は、場違いだと思っていた場所で、華やかな方たちに感謝されることが本当に嬉しくて、私の「価値」が認められていくのを感じました。

それは単に承認欲求が満たされたということなのかもしれませんが、私の好きな美容の世界で、私の「価値」が認められるということは、本当に嬉しいことでした。

ネイルサロンを開くという夢は諦めた私ですが、サロンのオーナーさんたちをサポートして、彼女たちの夢をどんどん実現させていくことが、次の私の夢になったのです。

人が喜んでくれること

仕事の「価値」は何ですかと問われ、「人が喜んでくれることです」というのは、とても気恥ずかしいものです。何だか偽善者っぽく思われる気がしてしまいますが、私にとって「価値」のある仕事というのは、「人が喜んでくれる」仕事のことなのです。

自分の得意なことと人が不得意なことがマッチすると、そこに仕事の「価値」が生まれます。需要と供給のバランスが取れることで、みんなが幸せになれるサイクルが生まれます。

私は起業してすぐの頃、仕事をどんどん取らなければと思い、自分のサイトに「パソコン関係のことで何か困っている人はいませんか」といった内容のことを書いたことがあります。するとすぐに、どこで目にしたのか、「それは私のことです」というメールが届きました。

「え、嘘でしょ」と思うくらいに早い反応だったのでびっくりしましたが、その方と話をすることになりました。

その方は本当に困っていたみたいで、そんなときに私の記事を目にして、すぐに連絡をしたということでした。マッチングというのは、こんなところでも起きるのかと驚きました。話をしただけでまだ仕事もしていないのに、「ありがとうございます」とお礼を言われて嬉しかったのを覚えています。

できないことをできる人がやるだけで、世の中には「ありがとう」が溢れるのだなと気づきました。

2　あなたの「価値」って何？

「価値」に名をつける

起業したとき、私は自分のやっていることを端的に表現する言葉を探していて、いろいろな人に相談をしました。

私がはじめにやっていた仕事は、サロン経営者さんたちのサポートだったので、それは「秘書」ではないかと言ってくれる方が多く、はじめの頃はわかりやすく「オンライン秘書」と名乗っていました。しかし私はリアルで秘書をやったことがないのです。

私が抱いていた「秘書」に対するイメージは、「きれいな髪を夜会巻きにして、コツコツとハイヒールで歩いているキラキラした人」。こんな漫画みたいなイメージしか描けなくて、地味な自分の姿とはかけ離れている気がして違和感がありました。

そこで、起業している方たちの仕事の肩書きを調べてみたりしましたが、みなさん堂々とオリジナルな肩書きを名乗っていて、そうか、自信を持つことが大切なのだなと思いました。

自分の仕事に自信を持つことが、自分の価値を高めることだとは思いながら、やっぱり秘書という肩書きがピンときていませんでした。

でも、人にとってわかりやすいイメージの肩書きをつけることは、仕事を依頼してくれる方も安心するので、大事だとも思っていました。

今、秘書というのは、経営者さんの半歩先を読みながらも出しゃばらず、忙しい経営者さんが気持ちよくご自分の仕事に専念されるようにお手伝いをすることだと思っています。

私が社名を「Ｙ'ｓエスコート」としたのは、経営者さんの伴走者として寄り添いたいという想いがあるからです。

私は主にＩＴ周りのことを中心に、サロン経営者さんたちのエスコートをしていますが、仕事内容はスーパー雑用係だなと思うこともあります。今はセミナーやイベントのプロモーションやプロジェクトそのものにも関わるようになってきて、そんな仕事をするときは、「プロモーター」という肩書きを使うこともあります。

何をしている人なのか、何をしてくれる人なのか伝わるようにすることも大事です。

オリジナルな「価値」

私の仕事を、「バックオフィス」とか「オフィス業務代行」と言ってくれる方も多いです。確かに、代わりに行っていることもあるので間違いではありません。

しかし私は、「代行」という言葉はあまり好みません。違和感さえ感じています。なぜなら私には、ただ誰かの代わりに何かをやっているという意識がないからです。言われたことをただやるだけでは、会社員でいたときと何も変わりません。会社員のときに、クライアントさんの言う通りの仕事をしているのはつまらなかったのです。だからこそ起業した私は、もちろんクライアントさんの意見は大事にしますが、そこに私にしかできないことをプラスして向き合うようにしています。

私は常に、経営者さんたちの可能性を引き出すような仕事をしたいと思っています。私自身が自分の可能性に気づいていなかったように、経営者さんたち自身が気づいていない可能性を、そばで伴走している私が気づけたら理想的です。

同業者の人が提供しているサービスができていることは当然で、そこにあなたにしかできないこと、あなただからできることをプラスすることがオリジナルな「価値」になります。

ビジネスは誰かの真似をすることから始まりますが、単に真似をする、真似して終わりというのではなく、「あなたらしさ」という隠し味を必ず入れてみてくださいね。

自分だけの肩書き

起業するときは、税務署に申告するときなどのため、仕事の業種はあらかじめ決めなければいけませんが、自分の中で、オリジナルな肩書きをつくることは自由です。

今、新しく起業している方々は、本当に色んな肩書きを名乗っています。

例えば野菜料理専門店を経営している方の「ベジコンサルタント」、ネイリストの方のネイルサロン「爪研究所」、家事代行業の方の「生活空間スタイリスト」などなど。

パッと聞くだけで、その方が何をしているのかわかりますし、なるほどと親近感が持てます。

私は今、数多くのイベントやキャンペーンなどのプロモーションにプロモーターとして携わっています。プロモーションが順調に進むように、またクライアントさんのお客さまがスムーズにイベントやキャンペーンに参加できるように、クライアントさんと一緒に全体の設計を考えたり、実行するにあたり具体的なことをアドバイスしたりすることが多いです。なので、クライアントさんにとってはCOO（最高業務執行責任者）でもあり、私自身は株式会社の代表取締役なのでCEO（最高経営責任者）でもありますが、もっとわかりやすく身近な肩書きがないものかと思っています。

ただ、私の仕事は今、多岐にわたってきています。1つには絞れないところがあり、その状態がありがたくもあります。自分の仕事の内容を説明するのが難しく、いつか自分の名前だけで、人がすぐに認識してくれるような人物になれたらと、日々の仕事に向き合っています。

3　自分の性格を生かす

エピソード＆ヒント②

私は子どもの頃から、親に言われる前にちゃんと宿題を済ませていたり、部屋の片づけをしているようなところがありました。それは決していい子だったからではなく、ましてや親の顔色をビクビク伺っていたということでもなく、ただ単に、親に言われる前にやっておきたいという「負けず嫌い」な性格だったからです。

負けず嫌いの性格のおかげで、人に何かを言われる前にちゃんとやっておきたいと思うようになり、常に半歩前を読む癖がつきました。

サロンのオーナーさんたちのためにＩＴ周りのことをサポートしているうちに、ごく自然に、もっと彼女たちが輝くためには、どうしたらいいだろうと考えるようになりました。

多忙なオーナーさんたちは、目の前のお客さまへのサービスの提供に加え、キャンペーンやイベントのプロモーションなども行うのですが、どうしても忙しいので、なかなかスケジュール通りに動けないことが多々ありました。そこでついつい「私がやります」と、私がスケジュール管理を引き受けたのです。

子どもの頃から、人に言われる前に物事を進めてきたし、SEとしていくつものプロジェクトを管理運営していたので、半歩先を読みながらスケジュール管理をすることが全然苦ではなく、むしろ喜びでした。そしてオーナーさんたちに感謝される結果になり、それも仕事となりました。

もしかしたらそれは、私の性格の中にある、「全体を把握していたい欲」でもあるのかもしれませんが、結果的には私の性格が活かされることになり、今は自分らしく仕事ができています。

私の20年②

ＩＴ企業でシステム管理をしていた20年間、常に会社から厳しく言われていたことは、「納期厳守」と「品質確保」の2つでした。だから私は、それらを守ることが当たり前となりました。

会社員1年目の頃は、システムエンジニアは深夜残業が当たり前だと言われていたので、私の人生初の徹夜経験はその頃です。

学生時代までは、夜の10時には寝るような生活をしていたので、会社員になって、深夜2時に半分眠りながらマウスを握っていたり、徹夜明けの朝はお腹を壊してしまったり、本当にハードな日々が続き、何もわからない社会人1年目、私の残業時間は月１００時間を超えていました。

でもこれが普通なんだと思っていたので、24時間オペレーションをすることは普通にありましたし、バグ（システム障害）を仕込んでしまい、報告をする会議では針のムシロ状態に追いやられたこともありました。毎日がストレスにまみれて、今では考えられないような生活をしていました。しかし、もともと私は「最強の面倒くさがり」なので、効率の悪いことはやりたくありませんでした。会社で働いているうちに、私はだんだん「効率的」な仕事をすることを覚えていきました。

面倒くさがりの性格の人は、いかにラクをするかを重要視します。私はＳＥとして、例えば「同じ処理は１つにまとめて、同じ処理がいろいろなところにないようにする」という効率的な仕事のやり方を覚え、自然と身についていきました。

性格からもたらされる「価値」

このように、自然とやれるようになったことが、実は自分の得意なことで、「価値」となることもあるのです。自分の「性格」というのは、仕事の仕方に大きな影響を与えます。まずは自分の性格を、長所も短所も見直してみるといいかもしれません。

負けず嫌いで、面倒くさがりの私は、人に言われる前にやるべきことを済ませるために、効率的に動くことが常となり、それが仕事の面ではプラスに働き「価値」となりました。もしかしたらあなたが自分の短所だと思っていることも、仕事に活かすと「価値」になるかもしれません。

私は、自分の「全体を把握しておきたい欲」が、嫌な性格だと思っていましたが、スケジュール管理においてはとても役に立ちますし、今ではプロモーターの仕事も向いていると自負しています。

ちなみに私の「全体を把握しておきたい欲」が、もっとも発揮されるのは飲み会のときです。実は私はお酒が飲めませんが、3次会、4次会、最後まで参加してしまいます。

私のいないところで面白いことが行われているかもしれないと思うと、つい最後まで残ってしまうのです。これは「全体を把握しておきたい欲」というより、「負けず嫌い」で「ミーハー」だからかもしれません。

とにかくこんな感じで、自分自身が嫌だと思っている自分の癖や性格が、意外にも仕事に活かされることもあるので、自分自身のことを振り返ってみることはとても大切です。

自分を知る強み

例えば、どうしても人の粗探しをしてしまう自分の性格が嫌だと思っているならば、それは観察力や洞察力が優れているということなので、人に何かを教える仕事などが得意なのかもしれません。

また、自分が自己中心的で、どうしても人を振り回してしまうと悩んでいる方は、1人で完結できる仕事や、反対に周りの人を巻き込んでいく仕事が向いているかもしれません。

基本的に、自分の欠点をわかっている方は、客観的に自分を見ることができるということなので、その時点でもう欠点は欠点ではないのです。

起業をするにあたっては、その仕事が長続きするかということも重要です。自分の長所や短所を知り、それをどのように活かせるかと考えておくことも有効です。

起業とは、ある意味「自分を出す」ということでもあります。まずは自分のどんなところでも好きになってみてください。自分の欠点を笑い飛ばせるくらいになって、それを強みに変えられるといいと思います。

4　大切なのは「相手目線」で考えること

客観と主観

そして自分がわかったら、今度は「相手」のことを考えます。

自分の得意なことで、「相手」にどのようなメリットを提供できるのか。

自分の満足だけで仕事をしていても、ただのエゴの押し付けになります。「相手」が喜んでくれることが満足になるような仕事の仕方をするのが基本です。

「自分が」どうしたいのかも大切ですが、「相手が」どうしたいのか。ビジネスでは、相手の立場に立って考えることが求められます。

とはいっても、考えるのは自分です。まずは「主観」で物事を見ます。その先で、「主観」を「客観」に変えるには、想像力が必要になってきます。

簡単に言うと、自分の「好き」より相手の「好き」を考えることでもあります。「主観」で考える相手の「好き」には、自分の思い込みが入っている場合が多いので、まずは自分のことをゼロにして考えてみるといいです。

自分のこだわりを捨てることで、自分のことを「客観的」に見ることができます。そうして「客観」の視点を得られたら、相手のことも冷静に見ることができます。

例えば物販の仕事をしたいと思っているならば、自分が好きな「主観的」なものばかりを売るのではなく、お客さんが求めている「客観的」なものも売ったほうがいいです。

自分自身のセンスに圧倒的な自信があるならば別ですが、ビジネスでは売上を念頭に置かなければいけないので、お客さんが求めるものを明確に提供できるよう、センス以外に客観的視点が必要になります。

何事も、客観と主観のバランスを程よく取ることが大事です。

相手の靴を履いてみる

シンパシーとエンパシーという似た言葉があります。

どちらも「共感」という意味がありますが、シンパシーには同情といった感情的な意味合いが含まれていて、エンパシーには相手の立場に立って相手の考えを想像することという意味が含まれています。

ビジネスにおいて必要なのは、エンパシーです。エンパシーをわかりやすく言うと、「相手の靴を履いてみる」感じです。

私の場合は、クライアントさんには華やかな経営者さんや起業家が多いので、普段は地味な私でも、想像の中では華やかな人になって、素敵な靴を履いてみます。いつもはパソコンの前で黙々と仕事をしている私が、どうやってビジネスを展開していこうかと考えることができます。

半歩先を考えてクライアントさんをサポートしていく上で、これはとても有効な手段です。

例えばパン屋さんをやりたいという方は、想像の中で、パンを買いに来てくれるお客さんの靴を履いて、自分の未来のお店に向かってみると、どんなパンがあったら嬉しいかとか、どんな内装だったら楽しいかなど、具体的なビジョンが見えてくるかもしれません。

相手の立場になって考えてみることで、相手が置かれている状況や感じている感情が想像でき、積極的にサポートすることができます。さらに、相手の状況や感情をすぐに判断せずに、話をじっくり聴き、理解することで信頼関係を築くことができるのです。それがエンパシーです。

エンパシーという能力は、ビジネスシーンだけではなく、人間関係でも役に立ちますので、ぜひ、相手の靴を履いてみる想像力を身につけてみてください。

相手が見るあなたの「価値」

さらには、相手目線になってビジネス展開のことを考えるだけではなく、相手の目に映る自分の姿を想像することも大事です。

自分が思う自分と、相手が思う自分は違いますから、一生懸命やっているつもりでも、相手からすると不満があるかもしれません。相手が求める「価値」と、自分が提供する「価値」が違うならば、無理して頑張る必要はないのです。

たまに、私ではできないことを求めてくるクライアントさんがいますが、そんなときは、自分よりできる人、適している人を紹介しています。

そして、あなたが提供するサービスを買ってもらえなくても、それはビジネスシーンにおいての「価値」なので、自分には「価値」がないんだなんて思う必要はありません。

私の場合、気をつけていることは、素敵なクライアントさんたちと一緒に仕事をするとき、他の人たちから「あのダサい女性は誰？」と思われないよう、頑張っておしゃれをします。本来は、クライアントさんより目立たないように気を遣うのですが、どんなに頑張ってもキラキラしている彼女たちには敵わないので、目立つわけもなく、ある意味ラクだったりします。

私の「価値」は、クライアントさんの売上を上げ、叶えたい未来をより早く迎えられるようなサポートをすることですが、外見にも気を遣うことで私自身も楽しいし、仕事のモチベーションも上がります。

ビジネスをしていく上で、外見も「価値」の1つになるのです。

自分の強みを知るワーク

ここまで、自分の強みを知って価値に変えよう、その価値を主観と客観で見てみようということを書いてきました。

私自身、自分の強みを知るワークをたくさんやってきましたが、仕事の観点から書き出すことで、仕事に活かせる強みや価値に気づくことができましたので、そのワークを紹介します。

■自分の強み

自分の強みについて、具体的に数値やエピソードを加えて書き出してみてください。

○仕事に関する知識（どのようなことに詳しいか）
○仕事の経験（これまでどのような仕事をしたか）
○持っているビジネススキルや資格
○仕事に対する態度（心構え、やりがい）
○好きだった仕事、得意だった仕事
○頑張ったこと、工夫したこと

■仕事観

自分の仕事に対する価値観を書き出してみてください。

○なぜ人は仕事をするのか？
○あなたにとって仕事の意味とは？
○あなたにとっていい仕事・価値のある仕事とは？
○あなたが仕事を選ぶときに重要と思うこと5つ。その順番は？
○仕事に対してあなたが大切にしているポリシーや理念
○仕事でどのようなときに満足感、達成感を感じますか？
○仕事でどのようなときに不満や怒りを感じますか？

いかがでしょう？　書きやすい項目から書いてみてください。

あなたが「大したことがない」「こんな小さなこと」と思うことこそが、あなた自身が当たり前にできていることであり、強みでもあります。

あなた自身が当たり前にできていることを改めて書き出すことで、あなたが仕事に対して大切にしていることがわかり、納得感や新しい気づきが出てきます。

このワークは一度やって終わりではなく、何か新しいことを始めようと思ったとき、何かに行き詰まったときなど、その都度でやり直すと、さらに深くあなたの強みや価値観に気づけます。

5　相手にどう思われるかは自分次第

気づかれなくて当たり前

私は周りの友人たちから、「わがまま」だと思われています。

私は、「気を遣っていることを気づかれないように気を遣う」ので、気づかれなくて当たり前なのです。本当はめちゃくちゃに気を遣っているのですが、逆に「気が利かない」と言われることもあります。ときどき気を遣うことに疲れてしまい、ふと爆発してしまうことがあります。だから沸点が低いと言われることもあるのですが、このように、あるとき何の前触れもなく爆発してしまうので、「わがまま」だと受け取られているようです。

しかし先日、「私がこんなに気を遣っているのに、どうして誰も気づいてくれないの」と思ったとき、「あ、そうか、私は人に気づかれないように気を遣っているからか、つまりは成功しているっていうことか」と気づきました。

おかしな話ですが、気づかれないように気を遣っているのだから、気づいてもらえなくて当たり前だと思ったときに、私は笑ってしまい、それからは気持ちがラクになりました。

私が「わがまま」だと思われるのは、ある意味大成功ということでもあったのです。

「誰」を見るべきか

私は会社員時代、副業でネイルスクールの講師をしていたことがあります。そこは私が生徒として通っていたスクールで、一緒に働く先生方は、かつては私の先生でもあった方ばかりです。

講師を始めた頃は、自信もないし、どのように生徒さんに接していけばいいのかもわからなくて、他の先生たちのことを見ながら、「先生たちの教え方と自分の教え方が違ってはいけない」とそればかりを気にしていました。

だんだんと生徒さんたちの顔を覚え、生徒さんたちに対してどう伝えたらわかってもらえるだろうと、生徒さんのことを考える余裕が出てきました。あるとき、「あれ？　私、どうして先生たちのことばっかり気にしていたんだろう、私が見るべきは生徒さんの顔なのに」と、自分の視線のブレ具合に気づきました。

私は原点に立ち返り、どうして講師になったのか、何をしたいのか考え直しました。私自身がネイルが好きでネイリストの資格を取ったように、今頑張っている人を応援し、早くゴールに近づけるように手助けをしたいと講師になったことを思い出したのです。

私が見るべきなのは、「生徒さんの成長」であり、「他の先生からの評価」ではないことにやっと気づいたのです。

このように「誰」のためにやっているのか、「誰」を意識するかは大切です。

「嫌われる勇気」はなくても

そうやって生徒さんのことを第一に考え始めると、次第に進路相談をされることも増え、生徒さんたちと会うのが楽しみになりました。カルテを書き忘れたり、必要な書類の書き漏れをしたりして、先生たちに注意されることも何度かありましたが、生徒さんの成長が本当に嬉しくて、講師をやってよかったと思えるようになりました。しばらくして講師の仕事は辞めてしまいしたが、「視点」の大切さに気づける経験ができて、本当にありがたかったです。

会社員時代にも、上司の評価を気にしていた頃には仕事がつまらなくなっていたのですが、お客さまに提供したシステムを使っていただき、「こんな機能が欲しかったんです」とか、「仕事がラクになりました」と喜んでもらえると嬉しくて、仕事が楽しみになりました。

仕事というのは、「誰」を見てするのかで、やりがいが変わってきます。

私は、他の先生や上司に嫌われるかもしれないと周りの評価を気にしてばかりいました。「なぜ、自分はこれをやるのか？」という目的、つまり「やる理由」を明確にすることで、周りの評価が気にならなくなりました。

とはいっても、私はまだまだ完全なる「嫌われる勇気」を持ち合わせてはいません。

もし、あなたが私と同じように「嫌われる勇気」が持てなくても、「誰のために何をするのか」「なぜこれをするのか」という視点を持てれば、あなたの「価値」は伝わっていきます。

やってみよう！ 自分の強みを知るワーク

何年，何件…など
実績となる数値があると
Good！

■自分の強み

自分の強みについて、具体的に数値やエピソードを加えて書き出してください。

○ 仕事に関する知識（どのようなことに詳しいか）
○ 仕事の経験（これまでどのような仕事をしたか）
○ 持っているビジネススキルや資格
○ 仕事に対する態度（心構え、やりがい）
○ 好きだった仕事、得意だった仕事
○ 頑張ったこと、工夫したこと

書きやすいものから
書いていってね！

■仕事観

自分の仕事に対する価値観を書き出してください。

○ なぜ人は仕事をするのか？
○ あなたにとって仕事の意味とは？
○ あなたにとって良い仕事・価値のある仕事とは？
○ あなたが仕事を選ぶときに重要と思うこと5つ。
その順番は？
○ 仕事に対してあなたが大切にしているポリシーや理念
○ 仕事でどのような時に満足感、達成感を感じますか？
○ 仕事でどのような時に不満や怒りを感じますか？

感情からあなたの想いが
見えてくる！

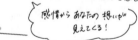

第3章　安易に自分を「安売り」しない

1　価値は「値段」で表すもの

自分の仕事の値段

自分の仕事に「値段」をつけるのは本当に難しいことです。

前述したように、私は最初、自分の得意なことに値段をつけることに戸惑っていて、30分の仕事に1000円という値段をつけていました。そんなことをやっていてもビジネスとしては成り立ちません。

会社員としての給料をもらいながら、副業として細々とやっている間は、世間の相場を知るためにも、ネットサイトで「資料つくります」といった募集をかけていました。他に同じようなことをやっている方の値段を見ながら、恐る恐る値段を上げていき、それでもまだ5000円とか1万円とかでやっていました。

そしてそのうち、一度依頼してくれたクライアントさんが、何度もリピートしてくれることが増えてきました。あるとき、クライアントさんから「急ぎで」とお願いされたことがありました。

それは本当に大変な仕事だったので、「特急料金」をもらってもいいだろうかと思い、ビクビクしながら料金が倍になることを伝えると、その方は「全然いいですよ、お願いします」と、何の疑問もなくすんなりと納得してくださいました。「あ、そういうものなのか」という感じで、それからはきちんと、自分の労力に見合う正規料金を決めることができました。

それ以来、今にして思えば当たり前のことなのですが、仕事を受ける前に費用の概算を伝えたり、見積りを送ってから作業をスタートすることが常になりました。会社員の頃は、必ず見積りを提出してからのスタートだったのに、独立するとつい後回しにしてしまいがちでした。

当たり前ではありますが、事前に見積もりをお渡しするのは、費用感がわかるのでお客さまも安心するし、信頼もしてもらえるし、さらには自分を守ることにもなります。

エピソード＆ヒント③

私は会社員の頃、取引先のメーカーさんからシステムの発注を受けるとき、必ず見積書に10パーセントの値引きを入れてくださいと言われていました。なので、10パーセントの値引きをしても利益が出るような価格を設定していました。

会社員時代は、そんなことが当たり前だったので、起業してからも、見積書というものには値引きを入れないといけないと思っていました。

あるとき、エステサロンのオーナーさんからカルテの整理をしたいという依頼を受けました。

言われてもいないのに、「今回は、お値引きさせていただきました」と見積書を出したら、ものすごくびっくりされたのです。

「値引きまでしてくれるの？　ありがとう」

「あれ？」と私は思いました。「値引きしなくてもいいのかな？」と思ったのです。

それで次の依頼をもらったときに、今度は値引きを入れない見積書を提出しました。すると、「ありがとう、お願いします」と、何の躊躇もなくすんなりとお返事をいただき、最後は感謝までされたので、そうか、値引きってしなくてもいいんだと気づきました。

私はこうやって手探りで、少しずつ値段を決めることができるようになったのです。

見積金額の根拠

私が会社員として入社2年目くらいの頃、まだシステム開発の仕事に不慣れだったため、お客さまの要望をすべて受け入れてしまい、最初の見積もり以上の期間と作業が増えてしまったことがありました。

当時の上司から、追加になった機能分をお客さまに請求するから、何にどれだけの時間がかかったかを全部書き出すように言われました。

この作業に○○時間、あの作業に○○時間ということを、すべて細かく書き出した結果、かなりの時間になってしまいました。そして私の出した作業時間が金額に変わり、見積書に明記され、お客さまへ追加請求されることになったのです。

私はこのことで、自分の1時間1時間に責任を持たないといけないのだという恐怖のようなプレッシャーを感じました。幸い、取引先の担当者が事情をわかってくれる方だったので、揉めることなく追加請求分を支払ってもらうことができました。

このように会社員時代は、お客さまへの見積もりの承認を取るとき、見積りの説明をするとき、あらゆる場面で上司に根拠を説明することを求められていました。起業した今、金額を提示する際に、お客さまから求められたらすぐに説明できるよう、きちんとした根拠を用意した上で見積書を提示するようにしています。

今のところ、「この見積金額の根拠は何ですか？」と聞いてくるクライアントさんはいませんが、聞かれても困らないように用意をしておくこと、ちゃんと根拠を持って価格を設定することは大切です。

2 「安かろう、悪かろう」と考える人は多い

安い人にならない

飲食店の場合は、「安くて美味しいもの」というジャンルがあるので、安いものはそれなりのも

のだと思われないかもしれませんが、一般的には、安いものはそれなりのものだからと、はなから期待をされないことが多いです。

無意識のうちに、私たちにはそんな考えが刷り込まれていますし、実際に、安い商品は粗悪な材料を使っていることも多いので、すぐに壊れたり買い替えが必要になったりします。

丁寧につくられた高いブランドの服などは、何十年も着られることから、安い服を買ってすぐにダメになることを考えると、むしろ経済的だと考える人もいます。

たまに、こんないいモノがこんな安い値段で、と驚くことがありますが、安くなっている時点で、本当はよくないものなのではないか、何か裏があるのではないかなどと勘ぐってしまいがちです。

自分の仕事に値段をつけるということは、そんな人間の心理を意識しておかなければいけないのです。どうしても自信がないうちは揺らいでしまいますが、一度つけた値段を下げることは、材料を安いものに変えたのではないだろうかとか、量が少なくなったのではないだろうかと勘繰られてしまいます。

値下げまたは値上げをするときも、なぜこの価格にするのか、納得できる根拠と理由が必要です。

私自身もはじめは慣れなくてわからなかったのですが、自信をもって仕上げている自分の仕事には、あまりにも安い価格をつけないようにしています。

替えのきく人にならない

安い仕事というのは、軽んじられる傾向があります。どんなにいい仕事をしても、どうしても人の心にはバイアスがかかっているので、安いというだけで、本当の価値をわかってもらえないことがあります。

そうやって価値がわかってもらえないと、他の人に頼んでも一緒だと思われて、「他に替えはいくらでもいる」からと、リピートがかからない可能性もあります。

目指すべきはリピートされることですから、安い値段という「価値」でリピートされるよりも、高い品質の「価値」でリピートされるほうが、はるかに「価値」があります。仕事の品質よりも値段で判断されてしまうようになると、そのうち「替えのきく人」になってしまいます。

「替えのきく人」になってしまうと、自分の仕事に対してのやりがいがなくなりますし、何より「価値」を大事にしてもらえないことで、仕事をしていても喜びが湧いてくることがありません。

継続的に仕事をもらいたいからと、安い料金を設定していると、長い目で見ると原価割れをすることもありますし、疲弊してもしまうので、適正価格で仕事を受けること、モノや技術を安く売らないことが大切です。

安くすることは、自分自身の価値を下げてしまうことにもつながります。

「この人に仕事を依頼することがステータス」となるくらいの存在を目指しましょう。

価格の付け方（価格設定ワーク）

商品サービスの価格の付け方は、簡単なようで難しいです。

一般的に、価格の付け方は次の3つがあります。

①コスト（材料費や製造に関する費用）を考えてから値段を決める方法
②利益を考えてから値段を決める方法
③競合と比較して値段を決める方法

この3つの方法は、かばんや服などのモノや、美容院のように多くの人が受けるサービスの場合に使うことが多いです。

例えばコンサルティングのような、一般的にはあまり知られていない業種の場合は、次の6つを洗い出すことが大切になってきます。

①お客さまは何に困っているのか？
②今、お客さまはなぜそのサービスを受けているのか？　購入目的は何か？
③具体的にどのような効果を得ているのか？
④あなたがサービスを提供できるようになるまで、具体的にどこで何をどのくらいの期間と費用をかけたのか？
⑤あなたがサービスを提供するのにかかる時間は？

⑥競合は同じサービスをどれくらいの価格で提供しているのか？

この６つを整理すると、現状が把握できます。⑤の「あなたがサービスを提供するのにかかる時間数」がわかれば、その時間に時間単価を掛ければサービスの価格が決まりますが、時間単価をどうするのかという問題が出てきます。

いわば、あなたの時給です。時給はいくら欲しいのか、家賃や光熱費などを差し引いて利益が出る金額はいくらかなどで決めることができます。

「私はこの金額をもらうに相応しい」というセルフイメージに左右されることもありますし、自分の時給ではなく、サービスを受けるお客さまの時給で決めることもできます。あなたの時給なので、あなたが決めていいのです。

ただ、ここで間違えてはいけないのは、まだ実績がない状態でいきなり理想の価格を提示してしまうことです。実績がほぼない人に正規価格を支払うのは不安と感じる人もいます。相手に不安を感じさせないために、安売りはしてはいけませんが、初回なのでという理由があって、次回以降の価格が変更できる状態ではじめてのサービスを提供するやり方もあります。

自信を持って提示できる価格が今のベストな価格になりますが、だんだん、今の価格に違和感を持ち始めたら、値上げのタイミングです。

そのときは、このワークをもう一度やってみるといいかもしれません。

3 「時間」を買う人は多い

モノだけなく「時間を買う」心理

人がモノを買うということは、時間を買うという側面もあります。

自分でやってもできることを、それにかける時間があれば他のことができると考えるなら、時間を買うほうが生産的なことになります。

例えば料理が苦手な人にとって、自分ではつくれない美味しい料理を食べに行くほうが、むしろ経済的であることがあります。苦手な料理にかける時間に自分の時間を費やすよりも、その時間に自分の得意な仕事をしていたほうが、はるかに効率がいいので、精神的にも余裕が出ます。

また、出張などへよく行く人が、飛行機のビジネスクラスに乗ったり、新幹線のグリーン席に乗ったりするのは、移動の「時間」を、身体を休めるための「時間」として、または移動しながら仕事をするのに少しでも快適な環境で「効率を上げる」ために、より高い料金を払って買っているのです。

移動の時間にしっかり休養できていれば、到着先ですぐにいい仕事をすることができますし、移動時間で効率的に仕事ができます。

もちろん、節約をすることは大事ですが、節約をすることで疲れを溜めてしまうのならば、お金を使ってでも時間を大切にしたほうが、心が豊かになります。

「時間」を安売りしない

時間は無限にあるわけではありません。自分の時間を有意義に使うために、高いお金を払う人もいるのだと考えると、あなたの時間を安売りすることは、あなたの価値を下げることにもつながります。

あなたが仕事に取り組んでいる時間だけではなく、あなたが頭の中で仕事について考えている時間でさえ、大切な有限な時間です。あなたがやりたくない仕事や安い仕事をしているのは、時間を安売りしているのと同じことになります。

自分の価値を安売りしないのと同じように、自分の時間は大切に扱ったほうがいいです。

極端な例ですが、先日、ランチを食べに出かけたとき、お目当てのお店がすごく混んでいて、かなりの行列ができていました。並ぶ時間がもったいないなと思っていたところ、すぐ近くに有名なスイーツ屋さんがあり、カフェスペースが空いているのが目に入りました。

私はすぐにそちらのお店へ移動しました。ごはんの代わりにスイーツをお昼ごはんにしようと思ったのです。午後にはいつも混んでいるスイーツ屋さんも、ランチどきだからすぐに座れました。

お昼ごはんの代わりだと思ったから、私はケーキを2個も頼んでしまいました。空腹で食べるケーキはなおさら美味しく感じられ、一緒に頼んだ紅茶も美味しくて、私はスイーツ屋さんで優雅なランチタイムを過ごしました。

きっと、時間がもったいないと思いながら行列に並び、やっとのことでお目当てのお店でランチを食べられたとしても、それはそれで充実感が持てたかもしれませんが、ケーキはすごく美味しかったし、幸せな気分になれたし、その日の午後の仕事はサクサク進みました。

どんな時間を過ごすのか、このように迅速に柔軟な判断をすることで、時間を大切にすることができるのです。

会社にいる時間がもったいないと思ったら

私が会社を辞めたのは、会社にいる時間がもったいないと思えてきた頃です。

起業セミナーへ通ったり、副業を始めたりしていた頃は、会社員としてもらえる給料がありがたかったので、もっと時間が欲しいと思いながらも、毎日会社へ通っていました。

でも自分のやりたいことが決まったとき、もう会社にいる時間がもったいないと感じられ、新しい人生を始めるために、自分の時間は全部自分のことに使いたいと思ったのです。

嫌だな、辞めたいなと思いながらも、自分の行き先が決まっていない間は、ストレスの溜まる職場でも、給料がもらえることはありがたいと思い、いつか起業するための経験と資金を貯める手段だと思って、毎日会社に行っていました。

会社にいる時間がもったいないと真剣に思えてきたら、会社を辞めるタイミングなのだと思います。自分の時間の使い方に真剣に目を向けることができたなら、それがあなたの起業するタイミングです。

安い時給で時間を売らない

いざ起業をしても、すぐに仕事が忙しくなるわけではありません。だからといって空いている時間にアルバイトをしようと思わないほうがいいです。

なぜなら、収入が不安でパートを入れたために、やりたいことへの勉強の時間が持てなかったり、いざ仕事の依頼が入ったときに、パートが入っていて時間が取れないという人を、私は何人も見てきたからです。

しばらくは仕事がなくても平気なくらい、お金を貯めておくことをおすすめします。アルバイトをすることは、それこそ時間の安売りになります。

とはいっても不安に苛まれるので、空いている時間に働いて時給をもらうことは不安を解消するいい手段にはなります。これから自分のやりたいことや実現したいことに近いこと、関連することでアルバイトをするのは、経験や実績にもつながるのでいいかもしれません。

ちなみに私は、ネイルサロンでアルバイトをしていたことがありますが、それはネイルスクールで講師をするときに、ネイルサロンで経験したことを生徒さんへ伝えるためという目的がありました。その際も、移動時間は本を読んだり、睡眠を取ったり、少しでも時間を有効に使おうとしていました。

建築家として独立して起業した知人が、はじめの頃はまったく仕事がなくて、何度も飲食店などでアルバイトをすることを考えたらしいのですが、チラシを配ったり、広告を出したり、人を紹介してもらったり、木材や土のことを勉強したり、自分の仕事につながることをやりながら、あとは「待ち」の姿勢でいたそうです。

しばらくすると仕事が入ってきて、仕事が回り始めたので、あのときアルバイトに行っていなくてよかったと言っていました。

私たちは自分の「時間」を売ることも買うこともできます。たまに、「自分の時間を切り売りしているのがつらい」ということも耳にします。たとえ、アルバイトなどで自分の時間を売っている状況であっても、目的を持ってそこでの時間を過ごしたり、そこで得られる経験や実績を今後に使おうと思っているのであれば、時間を買っていることになります。

時間は誰にでも平等です。今、あなたは時間を売っているのか買っているのか、どちらですか？

4　「友人価格」は安売りの元

友人だから、ではない

ＳＮＳなどでよく見かけるお悩みで、プロとして仕事をしている人に向かって、友人だからタダでやってほしいとか、安くやってほしいと言われることに対しての悩みがあります。

たしかに自分ができないことをやっている友人がいると、つい頼りたくなるものです。ただ、その友人が趣味でやっているならばいいですが、プロとして、仕事としてやっているのならば、「友人だから安くして」と言うのは違うと思いますし、「友人だから安くやってあげる」と友人価格で引き受けてしまうのも問題です。

友人が仕事としてやっているならば、その仕事に対する対価はきちんと払うべきですし、もしも起業したての友人だったら、その人のために適正価格を払ってくれる人が本当の友人だと思います。

仕事というのは、タダで提供するモノではありません。

例えばパン屋さんを開いた人が、友人だからとタダでパンを配れるわけはありません。

友人だから、安くやってほしいという人がいたら、友人関係を見直したほうがいいかもしれませんし、それを断れない自分がいたら、もっと仕事に自信とプロ意識を持ったほうがいいです。なぜなら、正規価格で依頼してくれるお客さまに対して失礼になるからです。

本当に友人なのか

仕事のクライアントさんというのは、友人の友人から広がっていくこともよくありますので、友人価格を設定してしまうと、友人の友人まで友人ということになってしまい、取返しのつかないことになることもあります。

あなたのことを思ってくれる人ならば、自分の友人としてあなたのことを紹介してくれるときはきっと、「安くはないけど、すごくいい仕事をしてくれる」と言ってくれるはずです。「友人だから安くしてもらえるよ」という紹介の仕方をするような友人ならば、思い切って関係を見直してもいいのかもしれません。

厳しい言い方ですが、起業をすると、本当の友人がわかることもあります。

起業したての頃は本当に大変ですから、その大変さをわかってくれる人こそ大切にすべき友人で、あなたを安く利用しようという考えの人は、本当の友人ではないかもしれません。

それから、友人たちと過ごす時間は大切ですが、あまりに愚痴ばかり言う人や、人のことを羨んで妬むような友人とは、距離を置いたほうがいいと思います。時間は本当に大切なのです。一緒にいる時間がストレスの溜まる時間になってしまうのならば、1人でゆっくり好きなことをする時間に充てたほうが、しっかりと有意義な時間が過ごせます。

私は友人に仕事を依頼しないし、請けないようにしています（ここで言う友人とは、プライベートの友人という意味で、ビジネスパートナーや一緒に仕事をするメンバーの方は別です）。

なぜなら私は、仕事とプライベートは分けたいので、仕事は仕事、プライベートはプライベートとしての関係を区切れる相手と仕事を一緒にしたいと思っているからです。

5　プロ意識を持つ

「勉強になります」

つい私もやってしまいがちなことですが、経験の浅い仕事をするときに、クライアントさんと一緒に仕事をしながら、「勉強になります」と言ってしまうことがあります。

当然、経験を積んでいく中で「勉強になる」のは事実ですが、仕事としてお金をもらっていながら、「勉強になります」というのは、言わないほうがいいと感じています。

プロフェッショナルとして働きながら様々な経験を積むことは、確かに「勉強になる」のですが、それを安易に口にしてしまうのは、わざわざ自分の経験不足をアピールしてしまうことになります。

自分の「価値」を低め、自分を安売りしているのと同じことなのです。

私はIT周りのサポートから始めて、今はプロモーションの仕事もやっているので、本当にはじめての経験をよくするのですが、心の中では「うわあ、勉強になるなあ」と思いながら、うっかり言ってしまわないように気をつけています。もちろん、そういう環境を与えてくれるクライアントさんには感謝の気持ちでいっぱいです。

裏方の仕事が好きな私ですが、ときどきプロモーションの仕事の一環として、講座参加者の個別相談などに対応することもあって、得意なことではないものの頑張ってやっています。

その仕事を1日するとぐったりとしてしまいますが、当日はお相手の人生にとってベストな提案をするという意識を持っているので、プロらしく話を聞けている自分が不思議だったりもします。

「学ばせてください」と言われたら

逆の立場で言うと、仕事を依頼した人から、「勉強になります、学ばせてください」と言われたら、あまりいい気持ちはしないはずです。

私なら、「学ぶのならば、お金を払って」と思ってしまいます。勉強というのはお金を払ってまでするものなので、お金をもらいながら「勉強になります」と言ってはいけないと思います。

私が一緒に仕事をしている女性起業家の方が、まさに今このことで悩んでいて、彼女のスタッフの中に、毎日のように「学ばせてもらってます！」と言って仕事をしている人がいるそうです。

学ぶ姿勢で仕事をすることは悪いことではありませんが、スタッフには給料を払っているわけで、日々そう言われることに、何となく違和感があるようです。

心の中で、「こちらはお金を払っているのだから、それ相当の姿勢で臨んで！」と思いながら、なかなかはっきりと口にすることはできないそうです。

新人社員ならば仕方がないところはあります。この言葉は感謝の表れなのかもしれませんが、あまり口にし過ぎると逆効果になります。感謝するスタンスはいいのです。

例えば学ばせてもらったあとに、「今は学びが多いですが、早く自分のものにしていきます」などとお伝えするとよいです。

私はその方に、「過度な期待」はしないほうがいいとアドバイスしました。

「学ばせてもらっています」が口癖のスタッフが、「過度な期待」をされないことで、本人がいつ気づくのか、どこまで伸びるのか、今は「過度な期待」をしないで見守っているようです。

程よい自信

恋愛や夫婦関係においてもそうですが、人の関係性というのは、自信がないほうが、どうしてもへりくだったりしてしまい、対等な関係性を維持できないことが多いように思います。

仕事をする上でも、依頼する側と依頼される側が平等な関係でいられないと、依頼される側が「仕事をもらっている」という意識から、へりくだってしまうことがあります。

私が大事だと思っていることは、お互いにとっての「程よい距離感」と、「程よい仕事量」と、「程よい成果」を見つけることです。

起業をしたら、「プロ」として相手との距離感を上手に計り、無理のないスケジュールを立てること。そして完璧な成果を上げるのではなく、程よくクオリティーの高い成果を提供すること。それがプロとして長続きできるコツです。

何でもやります、何とかします、というような姿勢では、どうしても雇用関係になってしまいます。起業して会社の代表になるということは、どこかに属して雇用されるわけではないのですから、まずは自分が自信を持つことが大切です。

しかし、自信満々だとまたおかしなことになってしまいますから、何事にも「程よい」という感覚を忘れずに、程よい自信を持って仕事ができれば理想です。

6　自分で自分を養う

自分の力で生きる

起業するということは、自分の人生すべてに自分で責任を持つということです。

誰かがあなたに給料を払ってくれるわけではありませんし、自分のことは自分で養っていかなければいけないのです。

結婚していて、パートナーの方が養ってくれているという場合もありますが、その場合でも、起業をする人ならば、「自分の食い扶持は自分で稼ぐ」くらいの思いでやっているのではないでしょうか。趣味で仕事をしている人は別ですが、本格的に起業をしようと思っている人は、自分の力で生きようという思いが強く、自立心があるのではないかと思います。

そのように思っているならば、まずは自分を安売りしないこと、自分の価値を適正価格で売ること、目の前の仕事を丁寧にやっていくことが大事です。自分で自分を養うということは、経済的にも精神的にも自立して、自分に責任を持つということです。

普通に稼ぐ

ただ私は、そこまで稼ぎたいという欲はなくて、「普通」に暮らしていければいいと思っています。でもその「普通」がなかなか大変です。

会社員のときは、黙っていてもボーナスまでもらえましたが、自分で自分にボーナスを払うのは大変なことです。でも前述のように、黙っていてボーナスをもらうためには、たくさんの「不満」と付き合っていかなければいけませんでした。

それぞれの性格や価値観にもよると思うのですが、私の場合は、結婚してもパートナーに養ってもらおうという考えはありません。人が稼いだ給料で、自分の服や靴を買うことは性格的にできないからです。

だから私は、「自分の欲しいものは自分で手に入れる」と決めていますが、同じ仕事をするのなら、楽しく、プライドを持って仕事をしたいと思っています。

自分を安売りしてまで仕事をもらおうという気はないので、それが私の負けず嫌いな性格の表れなのだと思いますが、自分を「安売り」しないことは、仕事の場面だけではなく、生きていく上で、誰にでもアドバイスしたいことです。

誰かをすごく好きになったとしても、相手から好きになってもらうために自分を安売りしてしまうと、対等な関係が築けませんし、つらい目に遭うだけです。

仕事も恋愛も、実はよく似ていて、安売りをしない、程よい自信を持つことが大切です。

とはいっても、私は恋愛マイスターではなく、どちらかというと恋愛下手なほうなので、その分仕事で頑張っています。

売上はつくれる

周りの経営者の方々が「売上はつくるもの」と言っているのですが、起業したばかりの頃の私には、理解ができない言葉でした。なぜなら、会社員の頃は、毎月固定でお給料がもらえ、年に２回ボーナスがもらえていたので、自分で売上をつくるという概念がなかったからです。営業職の場合は自分の売上がお給料に反映されるので、私とは違う感覚かもしれませんが、少なくとも私の場合はどんなに大きな商談を取って来てもお給料は変わらなかったのです。

起業したばかりの頃は、がむしゃらに目の前のお客さまの依頼に応えることに必死で、その結果として報酬が得られ、それが売上となっていただけでした。当時に比べてゆとりが持てるようになり、会社を設立した今、年間で計画を立て、売上を予測して、現状の把握をしながら、売上を上げるために何をどうしたらいいのかを考えて行動するようになりました。

会社員時代には、会社や部署で年間の予算が出て、各プロジェクトにも目標の予算がおりてきて、各自の目標になっていました。売上の予測に対して計画を立てることは当たり前のことですが、当時の私には「やらされている感」が大きかったことを思い出します。

今、自社の売上の計画を立てて実行することに対して、何をどうやったらいいのかわからないということがないのは、会社員時代に、年間、半期、四半期、毎月で売上の目標を設定されていた経験があったからです。

目標の売上を達成するために何ができるのか、何をするのかという目線で行動することが、「売上はつくれる」ということなのです。

before
会社員
時代
いつも値引き
助かるよー♪
いえいえ
after
起業後
値引き…？
別にいいのに…
!!
ayaka

第4章　上手に計画を立てる

1　起業・副業にも計画が必要

経営計画と事業計画

起業する際には、経営計画と事業計画を立てる必要があります。自分の事業をどのように展開させていくのか、どのような計画を持って仕事を進めていくのか、資金調達の際や、クライアントさんとの取引の際に、きちんとした計画書があることは、信頼を得る上で重要なことです。そんな難しそうなことはできないと思われるかもしれません。私にとっても、とても苦手な作業ですが、それがあることにより、会社は信頼を得られるので、何とか頑張ってつくっています。

5年後、10年後の計画を立てることで、様々な行政の補助金申請もできますし、それによって自分のやるべきことが見えてきます。今はネットなどでテンプレートもあるので、それに従って、自分の計画を立ててみてはいかがでしょう。

一見難しそうですが、事業計画書ができると自分の自信にもなりますし、自分で立てた計画を何度も見直すことによって、次の計画が見えてきたりもします。

とはいっても、私は先の計画を立てることが本当に苦手です。10年後の計画をわくわくして立てられる人もいますが、私はどうしても半年先くらいまでのことしか思い浮かばないのです。でも事業者なので、事業計画書をつくらなくていけなくて、毎年、四苦八苦しています。

会社員をしていたときに、目標面談というものがありました。そのときは、「必達目標」と「努力目標」を立てていました。

「必達目標」とは、何が何でも必達すべき数値目標です。今までより少し頑張ったら確実に達成できるであろうことを目標にする場合もあり、だいたい、前年比1・1から1・2倍の数値を目標にすることが多いです。

「努力目標」とは、結構頑張ったら達成できること、さらには「無理かも？　でも頑張ったら達成できるかも」「達成できたら、最高！」という目標です。例えば、前年比2倍とか、実現できたら理想的な数値を目標にします。

ファーストゴールを「必達目標」にし、「必達目標」を達成するために、今月、今週、今日やるべきことを具体的に挙げて実践することで、小さな成功体験を積み重ねていけます。「必達目標」が達成できたなら、ネクストゴールである「努力目標」へと近づいていくための計画を立てて実行していくのです。

目標を高く、大きく掲げる人も多くいますが、「必達目標」と「努力目標」という考え方も取り入れてみてください。高く大きな最終目標が「努力目標」となり、その手前の小さな「必達目標」の積み重ねで、「努力目標」である高く大きな最終目標が達成できたりします。

時間の管理

私は今、毎日だいたい同じ時間に起きて、誰かに会う予定がなくてもきちんとお化粧をし、同じ時間にパソコンの前に座るということをルーティンにしています。

通勤する必要がないので、朝は比較的ゆっくりできます。それでも気をつけていないと、1人で仕事をするということは、自由である分だけ、だらだらしてしまう可能性があるので、きっちりと就業時間を決めています。

オンラインで打ち合わせや会議があるので、ちゃんとした服を着て仕事をしていますが、オンラインに映らない部分は部屋着だったりする日もあって、そんな日は立ち上がらないよう気をつけています。

起業するということは、自分の時間を自分で管理するということです。まずは自分自身のスケジュールをしっかり管理できないと、クライアントさんの時間の管理をすることも難しくなります。

私は、「書く」ことで自分の時間の管理をしています。

書かないと忘れてしまうというのもありますが、今日すること、明日すること、今月すること、来月することを全部書き出しておいて、時間を守るようにしています。

それから私は、会社員として出勤していたときのように、きちんと腕時計をはめて仕事をしています。私は家で仕事をしているのに、どうしてちゃんと腕時計をしているのかと考えたときに、サラリーマンだった私の父が、休日でもきちんと髭を剃り、着替え、腕時計をつけている人だったので、その影響があるのかなと思います。

私の父は、休日でも1日中パジャマで過ごすような人ではなかったので、私は子どもの頃から尊敬していました。父は去年亡くなりましたが、父に褒めてもらえるように頑張っているような気もします。

逆算して考える

事業計画を立てることが苦手な私は、まずは逆算することで計画を立てています。1年後にこんなことをやりたいから今はこれをやる、といった方法で考えています。

逆算して考えることが苦手だという方もいますが、逆算して考えることで、自動的に計画が立てられると私は思っています。

1年後にこうしたいという目標があれば、それに向けてのスケジュールを立てていくと、結局は1年前からやってかなければいけないことがあります。目の前のことをこなしていくというのは、逆算に基づいた計画をこなしていくということです。

ある意味、すべての仕事というのは、「逆算」です。今ある仕事をきちんとこなすということは、計画に基づいて「今」やるべき仕事をやっているということなので、まずは「逆算」して「計画」

を立てていけばいいのです。複数の「逆算」を管理しながら、「計画」通りにこなしていけば、毎日やるべきことが見えてきます。

それは家を建てるときに設計図を書き、資材を調達し、職人さんを手配してスケジュールを立てていくように、どんな仕事にも順番があり、その順番を明確にしておくことで、1日1日、やるべきことが見えてくるのです。

会社員として働いているときのように、誰かが立ててくれた計画をただこなしていけばいいわけではありません。自分の仕事は、自分で計画を立てなければいけません。

大変そうに思えますが、自分で立てた計画をきちんとこなしていくと、毎日小さな達成感が持てます。これは自己満足でもありますが、自分の立てた計画通りに仕事が終わると充実した1日が送れるので、精神衛生上とてもいいことです。

クライアントである経営者の方が、「私は何年も前からこうなりたい！　という目標を立てて、そこに向けて何年もこつこつと地道に活動しています。周りにすごいねって言われますが、何年もやり続けているからなのです」とおっしゃっていました。数年単位で逆算して行動している結果であり、年単位の計画を今日明日の1日単位の計画にして今やることをやり続けた結果の今なのです。

もちろん、計画は予定通りにいかないこともありますが、予定の変更もまた予定のうちだと思えると上出来です。

2　「変更はあるのが当たり前」と考える

エピソード＆ヒント④

あるクライアントさんのキャンペーンイベントの仕事を引き受けたとき、そのイベントの予定がまったく立っていないことに驚いたことがありました。

私はその頃、そのクライアントさんのＩＴ回りのサポートをしているだけだったのですが、傍で見ていて心配になって、「私がお手伝いしましょうか」と申し出ました。

そのクライアントさんは、計画を立てるのが苦手だったわけではなく、「計画を立てると計画通りにやらなければいけなくなるから嫌だ」、「そもそも計画は予定通りにはならないから嫌だ」という考えの方でした。そんな考えの方がいるのかと、私はびっくりしたのです。

私は会社員時代、お客さまの都合で計画が遅れたり変更になることは日常茶飯事でした。計画は予定通りに進まないということをわかった上で計画を立て、予定通りに進まなくてもそれが普通だと思っていたので、慌てたりすることはありません。

なので、そのような経験をしていない方にとって、計画を立てるということが嫌とか、やりたくないなどの感覚があるのかと新鮮に驚きました。

しかし、事業を拡大していくためにはキャンペーンやイベントは大切なことなので、クライアントさんが苦手な計画も、誰かが立てなければいけません。

そこで私がスケジュール管理をすることになったのですが、このことをきっかけに、私はスケジュール管理が得意であることにも気づきました。

「計画は予定通りにはいかない」とわかった上で計画を立てておくと、時間にも心にも余裕が生まれます。20年間の会社員生活の中で、私にはそんなスキルも自然に身についていたのです。

これは私の「全体を把握しておきたい欲」が、スケジュール管理に向いているというだけかもしれませんが、その後も、計画を立てられない人が多いということを知り、上手な計画を立てられるということは強みにもなるのだと実感しました。

リスク管理

予定を立て慣れていない人が立てる計画は、予定が詰め詰めに立てられていることが多く、変更や遅れがあったときにパニックになってしまいそうな計画になりがちです。

計画とは、変更や遅れを考慮して立てるものですが、真面目な人ほど、予定を詰め込みすぎて、予定通りにいかないとすべてを投げ出してしまいたくなるようです。

計画を立てるときは、きちんとリスク管理をしていたほうが、時間と心に余裕が生まれます。イベントを行うときには、たくさんの人と一緒に動くことになります。誰かが熱を出すかもしれない、誰かの気が変わるかもしれない、誰かが辞めてしまうかもしれない、そんなことを全部想定した上で、ゆるやかな、かつ正確な計画を立てておくことが大切です。

計画は予定通りにいかないものという前提で計画を立てておくと、何かあって変更や遅れが発生したときにも慌てないでいられます。変更や遅れがあって当たり前だと思っているくらいでちょうどいいのです。

大きな目標を達成するためには、計画の乱れに心を動かされないことが大事です。

計画を立てるときには、はじめからリスク管理を組み入れた計画を立てておくこと、はじめに立てた計画通りにいかないことを気にしないこと、みんなが同じ歩幅で動けるわけではないということを理解していること、このように大らかに予定に向き合うことが大切です。

変更に対応できることが信頼につながる

そして計画に変更が生じたときは、速やかに対応できる能力が問われます。パニックになって立ち止まっていても、時間だけが過ぎていくので、A案がダメだったらB案でいこうといった具合に、瞬時に別の可能性を検討できる柔軟さが大切です。

例えば旅行をしていても、急な天候の変化などで列車が止まったり、飛行機が飛ばなかったりすることがあります。その場合にすぐに対処することで、残り少ないホテルの部屋を押さえられたりします。予定外のことが楽しいと思えるか、苦痛に思えるか、それはその対応次第です。

もし自分の恋人などが、予想外の展開に即座に対応し、変更した予定を面白い展開になったと楽しめる心の余裕があれば、相手のことを素敵だなと感じると思います。

同じように、予定の変更に対応できる人は尊敬と信頼を得ることができます。信頼を得ることで、次の仕事に結びつけることができるので、臨機応変な対応ができることが望ましいのです。

もしあなたが自然と臨機応変に対応できるなら、それは1つの才能です。

3　上手なタスク管理

レスポンスは早く

仕事を進めていると、こちらに任せきりにしてくれるクライアントさんもいますが、進捗具合を非常に気にされるクライアントさんもいます。

会社員時代、週1回のペースで打ち合わせをしていた取引先に、ときどき電話で状況を確認してくる担当者がいました。こちらからはスケジュールを出しているし、打ち合わせのときには進捗状況を話しているし、納期は絶対に守るし、これまでも遅れたことは一度もないのに、なぜ、わざわざ電話で確認をしてくるのだろうと不思議に思っていました。

起業してからも、クライアントさんの中に、「あの件は、メールで送ってくれた？」と確認される方がいました。私はちゃんとやっているのに、なぜわざわざ確認するのだろうと考えたとき、「私の状況が見えないから不安なのではないか？」ということに気づきました。

これまで私は完了の報告はしていましたが、例えばメールを送信したという小さなタスクについては報告しないことがありました。また、着手報告や、いつ頃着手できるかという連絡をしないこともありました。私がどこまでできているのか、いつ頃対応できるのか、先方はわからないから不安になっていたのです。

確認の電話をしてきた取引先の担当者も、このクライアントさんも、私のことが見えないので、期日までに終わるだろうか、忘れてしまってないか、などの不安があったから確認していたのです。

会社員の経験がある方にとっては、報告、連絡、相談の「ホウレンソウ」は仕事の基本として当たり前に身についていることだと思いますが、どのような場合でも、報告、連絡、相談の「ホウレンソウ」は確実に行ったほうがいいのです。

何よりもまず、クライアントさんに対してのレスポンスは早く、というのは基本中の基本です。

私の仕事には、パソコンの中だけで進行する仕事も多いのですが、クライアントさんに対しては、必ず進捗状況を伝えるようにしています。1つひとつの仕事が終わるごとに、「○○は終わりました」

と報告しています。すぐに取りかかれない場合は、いつ頃までにできそうかということを伝えるようにしています。

常にクライアントさんと同じ空間にいて仕事をしているわけではないので、クライアントさんが不安にならないような気配りが大切だと思っています。

「伝えた」と「伝わった」は違うということを認識してみてください。「伝えた」はずのことが、「伝わっていなかった」ことはありがちです。確実に「伝わる」手段で伝えることが大切です。

優先順位を決める

複数の仕事をしていると、すべてを効率よく進めていくには、仕事に優先順位をつけていくことが求められます。

簡単な仕事から片づけていこうとか、今日はこれはやりたくないとか考えていると、すべての仕事がこんがらがってしまいます。まずは今ある仕事の全体像を捉え、タスクを洗い出し、計画を立てて進めていかなければいけません。

私は「書く」ことで計画を進めていきます。全体のバランスを見ながら、今日やらなければいけないこと、来週に回してもいいことなど、締め切りから逆算し、仕事を振り分け、優先度の高い仕事から順番に進めています。

もともと私は、全体を把握しておきたいタイプなので、私にとっては苦もなくできることですが、会社員時代に身に付けた効率のいい仕事の仕方というものが、今の仕事にとても役に立っています。前項で述べたように、結局は自分の得意なこと、苦もなくできることが、いざ起業してから自分を助けてくれるのです。仕事を長く続けていくには、本当に自分に向いていることを見極めることが大切です。

優先順位を決められないという人がいますが、そういう場合は、優先順位を決めるタスクの洗い出しや修正が得意な人に任せ、自分の得意なことを別の仕事に活かしていけばいいのです。

SE流、マルチタスクの進め方

会社員2年目のとき、私はシステムの開発をしていました。進捗会議で自分の作業スケジュールをお客さまに報告したところ、「同時にはできないので、1日、1機能で予定を組んでください」と、私の作成したスケジュールを一蹴されてしまったことがあります。

内心、「私ならできるもん」と思っていましたが、実際には、1つの機能の開発作業が終わってからでないと、別の機能の開発作業へは進めませんでした。

パソコンは1台だし、私の腕は2本しかないし、できないのが当たり前のことだったのです。

そんな私が、やがてプロジェクトリーダーになり、複数の案件を抱えるようになりました。まさにマルチタスクで動かなければならなくなりました。

ちなみにこのときは、パソコンを7台使って作業していました。

参考までに、その頃私が身につけたマルチタスクをこなす方法を紹介します。

①頭の中を整理する

最初に、頭の中を整理するために、今抱えていること、これからやることなどを書き出します。

②順序立てて順番を決める

それから順番を決めていきます。優先順位は、「長く時間がかかる（かかりそうな）こと」「他人が絡むこと」「期限が短いこと」を先にスケジュールします。

時間のかかることは長い時間を確保しなければ進まないし、終わりません。他人が絡むことに関しては、自分だけではコントロールできないので、相手と時間の調整が必要です。

それから期限が短いことは、とにもかくにも期日までに終わらせないといけないので先に予定します。

③小さな作業を、待ち時間に入れる

相手からの回答待ちや動画の変換時間などの待ち時間に、パパっと終わる小さな作業をしていきます。その際のポイントは、「やることを細かいことまで書き出す」です。

例えば、〇〇さんにメールで返事する、〇〇の入金をするなど、そんなことまで書き出していきます。細かいことだからこそ忘れがちになるので、思いついたらすぐに書き出します。

人に期待しない、信頼する

複数の人と一緒にプロジェクトを進めていくとき、自分の仕事のパートだけを黙々と進めていても、他の人の進捗具合によって、計画がうまく進まないことがよくあります。

そんなときは、イライラしたり焦ったりしないで、他の人のペースを見ながら、ゴールに遅れそうなときだけ、上手な言い方で急いでもらえるようお願いしたりしています。

イライラするということは、人に期待してその通りにならないからです。はじめから人をあてにしないでいると、イライラしなくて済みます。イライラすると仕事に支障が出ますから、なるべく穏やかに淡々と仕事を進められるように、私は人に期待しないようにしています。

「期待しない」ということと、「信頼していない」ということは別です。自分の思うようなペースで進めてほしいと思うのが「期待する」ことですが、その人のペースでちゃんと終わるだろうと思うことが「信頼」です。

会社員時代、嫌だなと思っていた上司は、自分のペースを部下に押しつけるような人で、好きな上司は、部下を信頼している人でした。私はそこから学び、自分自身が人を信頼できるような人間になりたいと思っていました。

「期待しない」で「信頼する」ことで、仕事に対する姿勢が柔軟になります。

人を信頼するということも、仕事の「タスク」の1つです。上手なタスク管理をするには、人に対する自分の心の持ち方も、非常に大切なのだと思います。

4　TO DO（やること）

1秒でも早く

私の会社の理念は、「あなたの　TO　DO　と　TO　FEEL　を1秒でも早く」です。

TO　DOは、やらなくてはいけないこと、やるべきこと。TO　FEELは、やりたいこと。

仕事には、「やりたいこと」と「やらなくてはいけないこと」がセットになっています。

やりたいことと並行して、やらなくてはいけないことを同時に進めていくことで、やりたいことがより早く実現していきます。ただ、たいていの人は、やりたいことはやるけれど、やらなくてはいけないことはやりたくない、できれば後回しにしたいと思っています。

でも、やりたいことを実現するためにはやらなくてはいけないことも進める必要があるのです。

なので私は、素敵な商品サービスを持っている人のやりたいことを1秒でも早く実現するために、やらなくてはいけないこと、やるべきことも同じように1秒でも早く進めていくことをお手伝いしたいと思って今の仕事をしています。

私自身、起業してからは不安だらけだったので、「とにかくやる」ということを大切にしています。

日本人は、遺伝子的に不安になりやすい民族だそうです。だから、不安で動けない、不安で何も手につかないという気持ちになるのは、仕方ないことなのかもしれません。

そこで大切になってくるのが、不安要素がないようにすること、つまり「事前に細かいところまで準備しておく」ということです。準備をして、段取りをしておくのが、不安をなくすためには有効な手段です。

「段取りをするよりまず行動を」という考えの人もいます。これは、「行動なくして結果は得られない」ということですが、すぐに行動できる人もいれば、できない人もいます。事前に準備してからではないと動けないという人もいます。不安要素やリスクを回避できるように、２パターン、３パターンと段取りを立ててから、いざ行動、という人もいます。

どちらの考え方が優れていて、どちらの考え方が劣っているということではないので、自分のタイプに合った方法を選んでいけばいいのです。

ＴＯ　ＤＯリストというものがありますが、これは、業務の可視化、効率化に有効なだけではなく、実は不安を解消するための手段でもあり、１秒でも早く仕事に取りかかるための手段でもあります。

段取りは準備運動

私はせっかちなので、「これをやる！」と決めたらすぐにでも動き出したいタイプなのですが、それでも事前にしっかりと段取りを立ててから実行しています。

「明日やることをリストにする」

「何時から何時まで、何をやるか予定する」

「明日の持ち物を書き出す」

「明日、家を出るのは何時」

こんなことまでしっかりと段取りしています。

段取りというのは面倒くさいものですが、段取りをしていたほうが、行動に移してからのスピードは格段に速くなります。大切なのは、行動に移すまでのスピードではなく、行動に移してからのスピードだと思っているので、これだけは、面倒くさがり屋の私でも確実に行っています。

私は料理が得意ではありませんが、料理が得意な人は、みなさん、段取りが一番大事だといいます。材料を揃え、切ったり茹でたり下拵えをし、調味料を揃えておく。いざ調理にとりかかるとき、段取りがきちんとできていれば、ささっと美味しい料理ができあがるそうです。

段取りというものは、運動する前の準備運動と同じで、速く走るためだけではなく、ケガを予防するという意味もあります。なので、仕事における段取りは、仕事のミスの予防にもなるのです。

段取りなくして仕事は始まらないといっても過言ではありません。

5　常にやり切る姿勢を忘れない

最善を尽くす

最初に立てた計画が順調に進まなくても、途中で思わぬ方向へ変更になったとしても、大切なのは途中で投げ出さないことです。そんなことは当たり前だと思われるかもしれませんが、途中でころころ予定が変わったり、人間関係に問題が生じることがあると、誰だって、「ああ、嫌だなあ」と思ってしまうことはあります。そうなると仕事の速度が遅くなり、手を抜いてしまう人もいます。私自身、何度も途中で嫌になることがあります。

私がやらなくても誰かがやってくれるわけではないので、気を取り直して仕事を進めます。１つひとつの仕事が、先の仕事へとつながっていくので、１つひとつの仕事に最善を尽くすようにしています。

自分でやると決めた仕事なので、最後まで絶対にやり抜きます。１つひとつの仕事が、自分にとっていい経験となることがわかっているので、たまに弱音や愚痴を吐きながらでも、やり始めたことは最後までやり切ります。

今の私ができる限りの力を出すことで、次の仕事はもっとラクにできるかもしれない。そして次の仕事にも最善を尽くすことで、その次の仕事はもっとラクにできるかもしれない。

そうやって、どんどん自分が進化し、レベルアップできるようにしています。

責任は自分にある

起業するということは、自分がトップになるということで、すべての責任を負うのは自分です。独立して起業をすると、意気込んで難しい仕事を引き受けたり、どんなことでもやりますと張り切ってしまいがちですが、それをやり切ることができないと、信頼を失うことにつながります。

だからといって、簡単な仕事だけをやっていても進歩しないので、上手な仕事の計画を立てておくことが大切になります。

起業したばかりの頃は、次の仕事があるのかどうしても不安になるので、「何でもします」状態になってしまいがちです。しかし本当に何でもできるのか、冷静に考えてから仕事を引き受けないと、自分で自分を追い込んでしまう可能性があります。

それも1つの経験だと思えればいいのですが、自分の責任において仕事をするからには、目の前に来た依頼を全部引き受けていけばいいというわけではありません。

頭の中で、それを最後まできちんとやり切れるか、次につながる仕事であるか、今後の自分の仕事にプラスになるかどうかも考えながら、責任を持って引き受けることが大切です。

私は、「やりたい」と「やれる」は違うと思っています。特に人の仕事を引き受ける場合、「やりたい」と「やれる」を間違えてはいけません。なぜなら、「やりたい」の気持ちだけで仕事を引き受けると、実際にやりきれなかった場合、相手に迷惑をかけてしまうからです。

メンタルを安定させる

計画の急な変更に対処することも、依頼された仕事についてどのように計画を立てていくのかも、すべては自身のメンタルに関係しています。

仕事は１人でできるものではなく、誰かとの関係性の上に成り立ちます。几帳面に計画を立てても、大雑把な人に振り回されたり、またはもっと几帳面な人に不備を指摘されたりすることもあるでしょう。気持ちのいい人とばかり仕事ができればいいですが、そうはいかないものです。

仕事を上手に進めていく上で一番大切なことは、常に自分自身のメンタルを安定させておくこと、どんな相手とも「平常心」で付き合えることです。会社員時代にいろいろな上司や取引先の人を見てきた私は、ある程度のことには動じないでいられるメンタルが身についたと思います。

私のメンタル安定術は、ひたすらボーっとテレビを見ることです。内容も覚えていないことも多いくらい、ただテレビを見ていますが、私の頭は空っぽになり、メンタルが整います。

ToDo
整理
スケジュール
即レス

第5章　ゴールを適切に設定する

1　ゴールを左右するのは想像力

納期の決め方

仕事を依頼されると、どのように実現していくか提案しますが、それと同時に、納期を決める必要があります。あらかじめ、だいたいこの日くらいまでに欲しいと言われることもありますが、正確な日にちは、自分で決めていきます。

納期は、進行中の他の仕事の状況を考慮しながら、クライアントさんの希望に添えるように決めていきます。例えば、この仕事なら1週間でできるなと思っても、納期を10日先にするなど、私は、何かあったときのことを考えて、余裕を持った納期を決めています。

本来ならば納期が早いほうが、仕事が早いと思われて重宝されるのかもしれませんが、日常生活には何があるかわかりません。風邪を引いてしまうかもしれませんし、事故に遭う可能性もあります。災害が起こる可能性だってありますし、お客さまの都合で変更が生じることもあります。

私にとっては、納期を確実に守ることは最優先すべきことです。何があっても遅れないよう、その「何か」を常に念頭に置きながら、少し余裕を持った納期を設定しています。

納期よりも早く仕上がったときには、しっかり見直して完璧な仕事に仕上げられますし、何より時間に追われないで丁寧に仕事をすることができるので、いい仕事ができると思っています。

エピソード＆ヒント⑤

あるクライアントさんから仕事の依頼を受けたとき、納期のことをまったく話さないので、ちょっと困っていました。やってほしいという仕事は明確にたくさんあったのですが、納期のことだけが決まらなくて、「だいたいこの時期まででいいですか？」というような感じで仕事を進めることになりました。

そして「だいたいこの時期」を目安に仕事を進めていると、その方がいきなり、「来週までにやって」と、おおよそ決めていた納期から1か月も早い納期を言ってきたので、私は本当にびっくりしてしまいました。

あらかじめしつこく納期のことを話して決めておかなかった私も悪いのですが、どう頑張ってもその日までにできる仕事量ではないのです。

結局、希望の納期を守るとクオリティがこのくらいの仕上がりになり、希望の仕上がりにするには来週までかかるということを説明し、第1段階、第2段階と順に提供するような提案をして納期を延ばしてもらいました。このことは、納期の設定をきちんとしなければいけないという、いい教訓になりました。

また、突然、来週からキャンペーンをやりたいと言ってくるクライアントさんもいます。何とかやってみることもありましたが、思ったような数字の結果が出ないので、この頃はちゃんと、準備期間はしっかり取ったほうがいいですよとさりげなく言ってみたり、そろそろキャンペーンやりましょうかとこちらから提案したりして、クライアントさんに納期や計画という概念を意識してもらおうとひそかに努力しています。

創造力と想像力

私のクライアントさんには、ひらめき型の天才タイプが多いので、私とは真逆の考え方や価値観を持つ方たちに囲まれています。

だからこそ、私のようなタイプを面白がってくれることもあり、それが私の「価値」なのかもしれないと改めて気づくことも多いです。

私には多くの人を惹きつけるカリスマ性も、サロンを成功させる才能もないので、そういう人たちのそばにいると、自分はなんて普通なんだろうと思うこともあります。

でも逆に、そんな人たちにとって私の普通のスキルこそが役に立つことなので、人にはそれぞれ才能や役割があるのだと思います。

納期や締め切りというゴールを設定するには、先を予測する「想像力」が必要です。

私には、美容技術で人を輝かせるための「創造力」はありませんが、クライアントさんをさらに輝かせ、売上を上げるためのキャンペーンやプロモーションを行うための実務的な「想像力」はあるみたいです。実務的な「想像力」というのは、会社員としてちゃんと働いてきた人には、いつの間にか備わっているものかもしれません。

カリスマ的な起業家のように「創造力」がない私にも、実務的には「想像力」があることを知りました。

2　相手にどう映っているかを意識する

主従関係ではない

私ははじめ、自分にできること、求められることをやるという気持ちで起業したので、好きではないことにも挑戦していました。「好きではないこと」というのは、「嫌いなこと」というわけではないので、やっているうちに好きになったり、「好きではないこと」が意外にも自分の得意なことだったりすることに気づけました。

そうやって、自分の得意なことが明確に見えてくると、だんだん、クライアントさんのサポートという意識ではなく、クライアントさんの半歩後ろから、クライアントさんを輝かせるための仕事をしているのだという気持ちになってきました。

はじめ、秘書的な立ち位置にいたときには、無意識に1歩引いた姿勢でいましたが、信頼されることで自信につながり、次第に、クライアントさんとは主従関係ではなく、対等な立場なのだという気持ちになってきました。

クライアントさんは私の上司ではありませんし、私はクライアントさんの部下ではありません。それでもあくまで謙虚な姿勢と相手への尊敬の気持ちを忘れずに、私の想像力を駆使し、クライアントさんの仕事のゴールを決定しています。

望まれるゴールに到達するのが無理そうに思えるときは、どうやってゴールに近づけるか一緒に考えるようにしています。

一緒にゴールするために

お互いが納得する納期を決めるためには、相手にとって対等な関係だと認めてもらえることが大事です。相手にとって、何でも屋さんだと思われたら、納期は動きます。

「依頼」を受けた仕事というのは、「指示」ではありません。よい仕事をするためには、発注側と受注側が、一緒に同じ方向を見ていくことが理想です。

一緒にゴールを見ていないと感じるときは、意思の確認を何度もしたり、ときにはアドバイスをしたりすることも必要です。仕事内容を十分に理解し、目的を明確にして、プロセスを共有できれば、お互いにとっていい仕事ができます。

まずは相手に自分を知ってもらうこと、相手をリスペクトし、相手からもリスペクトしてもらえること、そんな関係性が生まれたら、信頼関係も育ち、取り引きも継続していきます。

仕事をもらうために媚びを売る必要はないですが、謙虚な姿勢は必要です。

接客業が苦手な私ですが、クライアントさんとの関係性を接客とは思わないことで、仕事がうまくいくようになったような気がしています。

見た目も大事

言うまでもないことですが、一緒に仕事をしている人間が、清潔感もなくみすぼらしい恰好をしていると、クライアントさんもいい気分にはなりません。

高級なブランドの服を着る必要は全くありませんが、クライアントさんと会うときは身だしなみに気をつけています。中身だけで勝負しようとは思わず、見た目もきちんとすることで、きちんとした仕事をする人だという印象を与えることは大切です。

クライアントさんと一緒に仕事をしているところを、誰に見られても不審がられないような服装を選び、ＴＰＯをわきまえて身支度します。

対等な関係性が築ければ、ゴールを一緒に目指すことができます。

相手の目にどう映っているのかと考えることは、自分自身を見直すことでもあります。見栄を張るのは嫌だと考えず、等身大でできる範囲でいいので、自分を知り、自分を磨いておくことも大切になってきます。

見た目は自分のためでもありますが、相手のためでもあります。

3　自分にも相手にも十分な「バッファ」を設ける

バッファとは

バッファという英語を和訳すると、「緩衝材」や「緩衝物」という意味になります。

コンピュータ用語としてのバッファは、コンピュータがタイミングのズレなどで即座に処理できないデータを、一時的に保持しておく「記憶領域」のことをいいます。私は長年パソコンと付き合っているので、一瞬のズレが記録されていることに大変助けられています。

バッファはビジネス用語としては、「余裕」という意味で使います。

仕事の納期を設定する上で、このバッファがあるのとないのでは大いに違ってきます。私は納期を設定するときは余裕を持って設定すると前述しましたが、実はクライアントさんにとっても、余裕を持った納期を設定することが大切なのです。

忙しいのは自分だけではなく、むしろクライアントさんのほうが忙しかったりするので、クライアントさんの予定を考慮し、なおかつ性格も考慮し、設定したほうがいいのです。

性格に合わせたバッファ

のんびりした性格の人には、少し短めの納期を言っておいたほうがいいかもしれません。

例えば、いつも時間に遅れてくる友人に、待ち合わせの時間を30分早い時間で伝えておくと、時間に遅れてきた友人が、本当の待ち合わせ時間ちょうどに来てくれることがあるように、少し早めの納期を伝えておくと、納期に提出した仕事を確認する作業が少し遅くなっても、トータルでも見るとちょうどいい納期になることがあります。

せっかちな性格の人には、少し長めの納期を言っておくと、まだかまだかとイライラする時間が短くなりますし、早めに提出すると喜んでくれるかもしれません。

クライアントさんに不安を与えないように、進捗状況を報告しながら、余裕を持って納期までに仕事を終えることが大切です。

あなた自身が、余裕を持って進めたいタイプなのか、期限間際にギリギリで追い込むタイプなのかなど、自分自身の性格をよく知っておくことで、納期をきちんと守ることが可能になります。

本来の意味でのバッファの効果

人と人が付き合うと、どうしても摩擦が起こりがちです。

「緩衝材」というのは、摩擦を和らげる効果がありますから、バッファを設ける効果というのは、時間だけではなく、心にも余裕が生まれてきます。心に余裕があり、時間に余裕があると、仕事の効率も上がり、精度も上がります。

十分なバッファを取り、ゴールを適切に設定することで、何事にも余裕を持って取り組めるので、これが一番いい仕事の仕方なのだと思います。

私は常に「時間にも心にも余裕を持つ」ということを心掛けています。

納期を余裕で守れたら、次の仕事に早く取り掛かることもできますし、少し空いた時間でどこかへ出かけたり、リフレッシュする時間に充てることもできます。

私の場合、時間ができると、うっかりテレビをずっと見続けてしまいますが、これは私にとって大事なリフレッシュの時間でもあります。

経営者たるもの、テレビを見る時間があったら本を読んだり勉強したりするべきだという考えもありますが、頭を空っぽにできる私のテレビ時間は、常に気持ちをニュートラルな状態に保つための必要な時間だと思っているので、テレビばかり見てしまうことをあまり気にしないようにしています。

4　自分にとってのゴール

１年後の自分

仕事には必ず納期があり、ゴール地点へ向けて走っていくものですが、ときには自分自身のゴールのことについて考えてみるのも大切な時間です。

１年後の自分、10年後の自分、30年後の自分。未来の自分がどのような仕事をしていて、どのような人間になっているのか、想像してみるだけではなく、「設定」をしてみると、そこへ向かってやることが見えてきます。

繰り返しになりますが、仕事にとって大切なのは計画と逆算です。それと同じように、ゴールへ向けて計画と逆算があれば、今の自分がすべきことが見えてきます。

女性たちの間でよく言われている「新月の願い」にも近いと思いますが、ゴールの設定は「願い」ではなく「設定」なので、より現実的になります。

私は占いなどを信じない性格なので、自分の未来は自分で切り開いていきたいと思っています。

これは、自分のことを人からあれこれ言われたくないという性格から来る考えかもしれませんが、自分の人生なので、自分の未来は自由に設定したいと思っています。

ＰＤＣＡではなくＧＲＰＤＣＡ

「目標を達成するためにＰＤＣＡを回そう」と言いますが、私は、ＰＤＣＡの前に「ＧＲ」が必要だと思っています。

Ｇはゴール（Goal）。目標です。

Ｒはリサーチ（Research）。現状把握です。

目標を設定し、現状を把握することで目標と現状の差がわかり、その差を埋めるために課題が出てきます。課題を元に計画（Plan）し、計画を実行（Do）し、実行した結果を分析・評価（Check）して改善（Action）します。

目標を設定し、現状把握をし、ゴールと現状の差を認識することで、目標が高過ぎたり、目標と過程のイメージが曖昧で実行できない計画になるということが防げます。ぜひ、ＧＲＰＤＣＡを取り入れてみてください。

ゴールは１つではない

案件ごとにゴールがあるように、自分の人生にもたくさんのゴールがあります。

就職したり、結婚したり、子どもを生み育てたり、起業したり、人それぞれ、たくさんのゴールがあり、そして１つのゴールの向こうには、また次のゴールが見えてきます。

１つひとつのゴールへ向かって丁寧に生きることで、思いもかけないようなゴールが見えてくることがあります。仕事の場面でも、急な対応をすることで、自分にはできないと思っていたことが案外上手にできることがわかったりするように、人生に対しても臨機応変でいることが大切なのです。

どうしてもこれだけは達成したいと、脇目もふらずに頑張ることが大事なときもありますが、そのときどきに見えてくる景色を楽しみ、脇道にそれたりしながら、ああ、こんな可能性もあるなという思いつきすらも大事にすると、自分の可能性が広がります。

未知のゴールへ

私は起業してから４年になりますが、この４年の間に、当初は思っても見なかった仕事をすることが多くなり、私のできることは着実に増えています。

これしかできないと思っていたことが、あれもこれもそれもできると自分の可能性が広がって、今までは考えもしなかった未来への目標が出てくることがあります。

私と同じように、あなたがこれまで気づかなかった自分の可能性に気づき、可能性が広がることで壮大な目標が見えてきたとしたら、必然的に大きな目標というゴールにつながる仕事や仕事相手と出会う場を選んでいけるようになっていきます。

さて、
どのルートで行くのが
最善かな…?!
GOAL

第6章　予定を詰め込みすぎない

1　「忙しい」は美徳ではない

いつも忙しそうな人

いつも忙しそうにしている人というのは、一見、仕事ができる人のように思えますが、よく考えてみると、その人が本当に忙しい場合、仕事のスケジュール管理ができていない人、計画の立て方が下手な人と捉えられることもあります。

実際には、計画の変更や遅れや様々な事情で、スケジュールが押してギリギリの状態になることも多々ありますが、普段から忙しそうにしていると、もしかしたらこの人は仕事ができないんじゃないかと疑われてしまうこともあります。

エピソード&ヒント⑥

会社員時代の同期に、いつも「忙しい、忙しい」と言っている人がいました。

話を聞いてみると、私のほうが残業時間は多かったのですが、その同期は会うたびに、「忙しい、忙しい」と口癖のように話しているので、そんなに忙しいなら連絡は控えようと思いました。それに「忙しい、忙しい」と聞かされるのは、あまり楽しい気分にならなかったことを覚えています。

それから、「忙しい」と口にはしないけれど、常に忙しそうに仕事をしている先輩がいました。

先輩は仕事が丁寧なので、何か案件を依頼しようとなると、この先輩に白羽の矢が立つのですが、忙しそうだからという理由で案件が他の人に回るということもあり、私にも回ってきたことがありました。その案件を担当できたことで、私の経験とスキルは上がりました。

当時の私は、別の取引先のシステム開発の案件があったので、常にスケジュールが空いているわけではありませんでしたが、自分のスケジュールを見ながらできると判断したものは受けるようにしていました。会社なので、拒否するという選択肢もあるときとないときがありましたが。

会社員時代も、独立してからも、「いつも忙しい忙しいと言っていると、仕事のチャンスを失うことにつながるのだ」と思っています。

また、いつも「忙しい」と言っている人のことを、スケジュール管理能力や自己管理能力が低い人と判断する人もいるので、もし、「忙しい」が口癖になっているようでしたら、周りに与える印象も考えてみるといいかもしれません。

優雅に仕事をする

私は普段、どんなに忙しくても、優雅な白鳥のように涼しげな顔をして仕事をしています。水面下のバタバタを表に出してしまうと、仕事のチャンスを失う結果になるからです。

それにいつもバタバタしていると、集中力を欠くことになりがちですから、1日で終わる仕事が1週間かかってしまう可能性もあります。

優雅に仕事をしていると、自分自身が仕事のできる人のような錯覚も持て、その錯覚を利用しながら、本当に仕事をさくさくと終わらせていくこともできます。

これはどんな仕事でも同じです。

例えば繁盛している飲食店へ行ったとき、お店のスタッフたちが余裕がなくバタバタしていると、何となくもう2度と行かなくてもいいかなと思ってしまいます。特にオーナー自身が忙しさにイライラしているようなお店だと、せっかくの美味しい料理もまずく感じられてしまいます。イラついたオーナーが、お客さんの前でスタッフを怒鳴っているお店などは論外です。

どんなに忙しくても、笑顔を絶やさず丁寧な接客をしてくれるオーナーやスタッフのいるお店のことは、応援したいと思いますし、また行きたいと思います。

このように私は、どんなに忙しくても、優雅な笑顔を絶やさないように心がけています。それによって、お客さまも安心して仕事を任せてくれるのだと思っています。

また、私はお客さまが困ったときに真っ先に顔が浮かぶ存在でありたいと思っているので、急な依頼にも対応できるように時間の余裕を持っておくようにしています。時間に余裕がないと気持ちが焦り、対応も雑になってしまうので、時間も気持ちもゆとりを持つように心がけています。

2　上手なスケジュール管理

無理をしない

仕事の予定が埋まっていないと不安になるものですが、だからといって予定を詰め込み過ぎるのは禁物です。

たくさん仕事が欲しいからと、どんどん予定を詰め込んでしまうと、何かあったときに仕事の納期を守ることができなくなり、結果、信頼を落としてしまいます。信頼というのは、こつこつと積み上げていくものですが、一瞬にしてなくなるものでもあります。

前述した通り、余裕を持ったスケジュールを組んでおかないと、例えば急にインフルエンザに罹ってしまったとか、自分以外の業者さんに遅れが生じたとか、不意のアクシデントが起きた場合に大変なことになります。

無理をすればいけるか、くらいの判断で予定を入れてしまうと、無理ができなかったときにはすべての仕事がストップしてしまいます。

急がば回れの精神で、どんなに焦っていても仕事の予定を詰め込み過ぎないことが、やがて次の仕事につながるのだと肝に銘じ、「今はスケジュールが厳しいです」とか、「いついつでしたらできます」と、具体的な日にちを明示し、急いで仕事を仕上げることだけを念頭に置かず、正直にクライアントさんに告げることが、信頼を得る結果にもなります。

無理をして仕事をすると、仕事の完成度も落ちてしまうので、いい仕事をするには、無理のないスケジュールを組んでおくことが大切です。

「期限」だけでは始まらない

「もっと前から始めていれば、もっとクオリティの高いものができたのに……」

これは、誰しもが思うことです。

仕事には「期限」がないと、一向に取りかかれないのが人間というものですが、「なるべく早く」と言われた案件でも、「期限」がゆるやかだと、ずるずると優先順位が下がってしまい、いつまで経っても完了しないという事態になることがあります。

しかし、「いつまで」という期限が設定されていても、さあ、今日から取り掛かろうと思える人ばかりではありません。

「期限」までにまだ余裕があるなんて思っているうちに、結果、期限ぎりぎりに着手して、突貫工事で完成させ、「ああ、もっと前から始めていれば……」となってしまいます。

そんな後悔をするくらいなら、なぜもっと早くからやらないのかと思いますが、これは性格の問題なのか、きちんと計画的にできる人と、ぎりぎりにしかできない人がいるように思います。私も含め、後者のタイプが多いと思います。

「期間」を設ける

ぎりぎりにしか取り掛かれない私のような人間にとっては、「期限」ではなく、「期間」を設けることが有効です。

「いつまで」だけではなく、「いつから、いつまで」という期間を設けることによって、開始日が明確になります。「いつから」という開始日を決めておくと、きちんと取り掛かることができます。

さらには、「着手報告」をもするようにすると、先方にも自分にも今日やったことが目に見えますし、現状が目に見えることで安心してもらえます。

計画通りに進まなかったときは、立てた計画を見直すことも重要で、それが早い段階にできれば、手戻りが少なくて済みます。

遅れる原因の特定と対処が後になればなるほど、手戻りが増え、結果として期限通りに終わらないという事態になります。日々、計画と現状のすり合わせをし、期間中は、「うまく進んでいるかどうか」と振り返りながら計画を進めることが大切です。なかなか計画通りに進められないという人は、「いつから始める」を決めてみてください。

「空き時間」も予定に入れる

上手なスケジュール管理のコツとしては、仕事の予定ばかりを詰め込むのではなく、「空き時間」も予定に組み込むことが有効です。

小学校の時間割と同じように、休憩時間を入れることはもちろん、ときどき体育の時間があるように、散歩したり運動したりする時間や、何もしない時間も入れておくと、1日のスケジュールが押したときに、リカバリーできることがあります。

「空き時間」には、本当にぼんやりと何もしなくてもいいですし、次の仕事のことを考えてもいいですし、やらなければならない仕事から少し離れることで、効率が上がることもあります。

また、どうしてもやる気が出ないような日は、1日丸ごと「空き時間」にしてしまうという方法もあります。

そうすると翌日は、昨日の分まで頑張ろうという気になります。そうやって、1日丸ごと「空き時間」にしても、翌日以降にしわ寄せがこないような余裕のあるスケジュールにしておくことが大切です。

今日できることは明日しない

「明日からは永遠に明日です」という言葉を知っていますか？

この言葉は、私の高校の入学式の日に、担任の先生が教えてくれた言葉です。「明日からやろう」と思ったことは、明日になっても「明日からやろう」となり、永遠に「明日から」のまま月日が経ってしまうので、「今日やりましょう」という話です。今でも印象に残っているくらい、私が大切にしている言葉です。

これに似た表現で、「明日やろうはばかやろう」という言葉もありますが、今日できることを明日に回すことは、明日の予定が変わり、明後日の予定も変わり、結果としてスケジュールが遅れていく可能性があります。

今日は時間がないから残った分は明日に回そうと思うこともありますが、私はできる限り今日中に終わらせるようにしています。周りの起業家の方も同じように、「今日できることは明日に回さずに今日中に終わらせます」という方がいらっしゃいます。

余裕を持って計画を立てようというのは、予定より早く終わったら、細かい部分の見直しをすることでクオリティを上げられるし、前倒しで仕事を進めることができるからです。

とはいっても、予定より早く終わったら、空き時間を自分の時間に使うのも1つの手段です。1日の仕事量を一定にして、規則正しい生活を送ることで仕事の効率を上げるという方法もあります。

TO　DOリストをつくることもあると思いますが、私の場合は1日のはじめではなく、前日の夜につくります。会社で働いていたときは、帰る前に翌日のタスクを書き出していました。

仕事が終わった直後のほうが、翌日のタスクを覚えているので、前日のうちに書き出しておくと抜けや漏れが少なくなるのでおすすめです。

3　視野を広げて仕事の機会を考える

予定は未定

「予定は未定」という言葉がありますが、正確に言うと、「予定は未定にして決定にあらず」です。予定を立てていても、緊急事態が発生して予定が変わったりすることから、予定は未定だと認識しておくことが大事だということです。

予定は未定であり、決定ではないのですから、予定を立てていても、決定までに至るまでにはタイムラグがあり、タイムラグの間に発生するかもしれない緊急事態や計画の変更に対して対処できるような心の余裕が必要となってきます。

予定変更に対して臨機応変に対応できる心の余裕があれば、焦らずになんとか対処できますし、逆に言うと、心の余裕さえあれば、新しいことに挑戦する機会も増えるということです。

常にフラットな精神状態でいることで、未来の予定の「タネ」を手に入れることができます。今ある予定だけに目を向けていると、予定を完了させることだけに意識が向いてしまいがちですが、今のタスクをこなしながらも、常に新しい未定の予定のことを考えておくことも大事です。

気持ちの「ゆとり」

新しい仕事のチャンスがきたときに、すぐに対処するためには、自分のスケジュールを常に把握しておくことと、気持ちの余裕を持っておくことが必要です。

今の仕事の予定が詰まっていると、新しい仕事の打ち合わせに割く時間などもなくなっている場合が多いです。なので普段から、急な仕事の依頼にも対応できるような余裕のあるスケジューリングにしておき、すぐに動けるような態勢でいると、チャンスを逃すようなことはありません。

簡単に言うと、常に8割くらいのスケジュールで稼働しておき、新しいことを始めるための時間を2割くらい取っておくというイメージです。

車に例えると、安全運転や疲れない運転のために、車のハンドルやブレーキには「遊び」というのがあります。「遊び」がないハンドルだと、方向変換の際に急な回転をして危険な目に遭うことがあります。「遊び」のないブレーキだと、ブレーキ操作のたびにガクンガクンして非常に危ない運転になってしまいます。

ハンドルやブレーキの「遊び」というのは、車にとって必要な「ゆとり」です。同じようにビジネスシーンにおいても「ゆとり」がないと、毎日疲れ果ててしまいます。

2割の「ゆとり」を持ちながら、毎日8割の量の仕事をしていれば、急な方向変換、新しい進路への車線変更なども余裕で行うことができます。常に「ゆとり」を意識して仕事をすることが大切になってきます。

スルーする能力

気持ちに余裕を持つには、余裕のある予定を立てるばかりではなく、日々、ストレスを上手に発散させておくことも大事です。

ネガティブな気持ちを引きずって仕事をしていると、予定通りに進まないことも多く、仕事の質も落ちてしまいます。なるべく毎日フラットな思考でいるためには、ストレスを溜めないに越したことはありません。

ストレスを溜めないためには、意識的に鈍感になってみることも有効です。

仕事相手など周りの人たちに常に気配りをしておくことは大切ですが、ストレスになってしまうくらいならば、少しくらいは「スルー」することも必要です。

小さなことを気にしない「鈍感力」を身につけて、かつ、新しい可能性にアンテナを立てておくこと。これができるようになれば、今の予定をこつこつとこなしながら、チャンスを掴むことができるようになります。

仕事に集中しているときは、誰しも他の小さなことは「スルー」できています。意識的に「集中」と「遊び（ゆとり）」を繰り返しながら、やらなければいけないことがあるときには「集中」してストレスを忘れ、「ゆとり」の時間にはすっかりストレスを忘れることができれば理想です。

気にしても仕方ないことは「スルー」できるようにしていきましょう。特に自分ではコントロールのできないこと、例えば、天候や人の感情などに気を取られないようにすることも大切です。

私は普段からあまり小さなことに動じないようにしています。ピンときたときには自分でも驚くほど気持ちが動き、行動してしまいます。「これはきっとエネルギーの無駄使いをしていないということなのだろうな」と勝手にいい方向に考えています。

苦手なことは克服しない

会社員でいたときは、苦手なこともやらなければいけない場面はたくさんありましたが、今は、苦手なことは、それが得意な人へお願いしたり、助けてもらったりしています。

それは、私の得意分野のことを「苦手」だと思う方たちから仕事を依頼されるうちに、そうか、私もそうすればいいのかと、私の「苦手」は誰かの「得意」なのだからと、そうすることにしたのです。

苦手なことでも、どうしてもやらなければいけない場合、粛々とやることはありますが、苦手なことをやっていると、時間がかかるし、うまくできなくて落ち込んでしまいます。

苦手なことをやっていると、「時間」と「自信」を失ってしまうので、思い切って、苦手なことはやらないというスタンスに決めてしまうほうが得な場合もあります。

得をするのは私ばかりではなく、私の苦手なことを得意とする人にとっても同じです。

苦手なことを人に任せることは、「逃げ」ではなく「賢い選択」で、自分の苦手なことを手放せて、相手は得意なことを任せてもらえ、お互いに「ハッピー」になる方法の1つです。

すべての人が、オールマイティに仕事ができるわけではありません。それぞれが得意分野に専念することで、仕事は効率化し、常に気持ちよく仕事をしていることで、視野も開けてきます。

4　依頼の段階から相手に安心を与える

余裕のある佇まい

仕事の依頼を受けたとき、相手に安心感を与えるために必要なことは、「余裕」を感じさせる言動です。

例えば自分が人に仕事の依頼をするとき、相手が余裕のない態度で落ち着かないような人だと、大丈夫だろうかと不安に思うように、まずは信頼できるかどうか、安心して仕事を頼めるかどうかの印象を与えることも大事です。

人間力を高めるためには、知的レベルの向上、コミュニケーションスキル、意欲や忍耐力などの自己制御能力などが必要ですが、一朝一夕に身につくものではないので、とりあえずは見かけだけでもそういう人になった気持ちになってみることも有効です。まずは形から、でもいいのです。

人間力の高い人になったつもりで行動していると、実際に少しずつ、余裕が出てきたりするものです。自己暗示力とでもいうのか、自分は人間力の高い人間だと思い込むことで、安易にイライラしたりしなくなりますし、穏やかな態度で相手に接することもできます。

見栄を張らない

依頼されたことに対して、「やります、できます」と本当はできないことでも仕事がほしいがために言ってしまうことがあると思います。

また、自分はこんなに仕事ができると、自分を大きく見せて仕事をもらいたいと思うこともあるとあるかと思います。

しかし、そんな見栄を張って仕事の依頼を受けても、最後に困るのは自分自身ですし、相手に迷惑もかけてしまいます。かといって、今の自分ができることばかりをやっていても進歩はしません。

ほんの少しだけ背伸びをするくらいの、少し難しいけどやれそうだと確信を持てる仕事を受けるようにしていくと、少しずつ成長していけます。

あまり謙虚すぎるのも考えものですが、自分を大きく見せようと見栄を張ることだけはやめたほうがいいです。

相手にも自分にも正直に

大事なのは、無理をせず、正直に、少しずつということです。

「この仕事はやったことがありませんが、できると思います」というように正直に自分の経験と意欲を語ることで、相手は安心感を持ってくれます。

相手にも自分にも正直でいるためには、「ゆとり」が必要です。

自分のことをわかっている「ゆとり」、相手のことをわかっている「ゆとり」、そして実際に時間と気持ちの「ゆとり」。実際以上に自分を大きく見せようとしたり、自分の本当の実力を認識できないでいるのは、気持ちにも時間にも「ゆとり」がないときです。

ですから、予定を詰め込み過ぎないことは本当に大事です。

「商いにおいては、正直は損」という考え方もありますが、仕事でも、仕事以外でも、正直な人というのが一番尊い人だと思います。

例え、いっとき損をしたとしても、正直さがあれば、信用関係は続いていきます。

初体験は誰にでもある

私は、「できません」という言葉を言うのが嫌なのですが、仕事の依頼が増えてくると、「え、それはやったことない」と思う仕事の依頼がくることもあります。

そんなときはまず、私は徹底的に調べます。やったことのないことを、できるふりをしてもすぐにバレるので、「はじめて」であることを正直に話し、必死に調べながら進めていきます。

たいていは、「自分はやったことはないけれど、すでにやっている人は世の中にたくさんいる」ので、案外、調べると「やり方」はたくさん出てきます。

はじめてのことをやるときは、本当に不安になりますが、不安を消すためには入念な準備が必要になります。ものすごく調べまくることで知識量が増え、一生懸命取り組むことで技術力も上がります。

だから、「私はこれをやれたらレベルアップできる！」と思って取り組んでいます。必然的にやりがいも出てきます。

初体験のときは本当に勉強しますし、わからないことは調べ、人にも聞きまくります。知らなかったことについて知ることができると、視野も広がりますし、自分が思った以上にできると、それがまた得意なことになる可能性もあるのです。

誰にでも「はじめて」はあるので、不安を乗り越えて、まずはやってみてください。

納期早めて
下さい
余裕あるから
大丈夫〜♪
予定は8割
ToDo
バッファのある
タスクリスト
ayaka

第7章　最後までしっかりとやり切る

1 「失敗」という言葉の意味

失敗したというデータを取る

どうしても、仕事で失敗してしまうことはあります。

でも私は、ああ、失敗してしまったと思ったあとに、「よし、これで『失敗というデータが取れた』」と思うようにしています。失敗は、敗けて失うということではなく、成功へ向かうためのデータを集めているのだと思えばいいのです。

私はSEをやっていたので、データを集めて分析することが得意なのかもしれません。失敗とは、「うまくいかなかったというデータ」にしか過ぎないので、失敗ではないと思っています。

最初から成功ばかりする人はいませんし、成功しなかったことを言葉にすると「失敗」になってしまいますが、失敗とは「未成功」なだけです。

失敗したというデータが取れれば、なぜうまくいかなかったのか原因を考えることもできますし、次はどうやったらうまくいくのか仮説を立てて改善することができます。

どうすれば次はうまくいくのか、打つ手は無限にあります。うまくいくまでの改善策や過程もまた、成功するためのデータになっていきます。

エピソード＆ヒント⑦

「私に失敗という概念はありません」

あるクライアントさんと打ち合わせをしているときに、そうおっしゃいました。

「うまくいかないことがあっても失敗したと思わないし、うまくいくまで続ければいいだけなのです」

その方の言葉を聞き、なるほどと感心していたのですが、そのあと、別のクライアントさんからも同じような話を聞きました。

「成功するまで続けないから、失敗で終わったことになるんです」

私は仕事柄、いわゆる成功者と呼ばれる経営者の方と仕事をすることが多いのですが、成功している方はみなさん、同じようなことをおっしゃいます。

みなさん、何度失敗しても諦めず、「失敗」は「成功の途中経過」なのだと捉え、前向きにやり続けたからこそ成功しているのです。

成功者というのは、「諦めずに最後までやり切った人」のことなのだと、周りの人を見ていていつも思っています。

逆の言い方をすると、成功する前に諦めてやめてしまうから、「失敗して終わった」になるので、うまくいくまであれこれ手を尽くして続けていくことは大切です。

失敗は成功の元

このように、はたから見ると「失敗」に見えることでも、本人の捉え方次第で、失敗は成功の元になるのです。

こんなことを書いている私ですが、日々、「失敗した！」と落ち込むことばかりです。でも、落ち込んでばかりいても何も進まないので、何がいけなかったのか、他に方法はなかったのか、次はこうしてみようというように、うまくいく方法を考えるようにしています。

そうすることで、落ち込んでしまって何も手に付かないという状況から抜け出し、一歩進むことができるのです。

2　諦めないこと

まずは言霊効果

諦めないというのは、粘り強いということですが、1つのことを粘り強く続けていくには大変な労力が必要となります。

ただ、物事には順序というものがあるので、続けていく中で思うように進まないときには、順番を変えてみて先へ進むという手もあります。そして、最初から思い通りにいくと思わないような「柔軟性」も大切です。

仕事の途中で、もうダメかもしれない、やり切れないかもしれないと思っても、弱音を口にしないほうがいいです。「言霊効果」というのがあるように、「自分はできる、やれる」とあえて口にして、できるには、やれるには、どうしたらいいのかと考えてみてください。

諦めない精神があれば、どんなに不器用な人にだって、1つの仕事を成し遂げることはできます。まずは諦めないで、「自分はできる」という気持ちを持つことが大切です。

「できる」前提で

以前、ある経営者の方と話をしていたときに、「これがやりたいけどできないんですよね」と、私がつい愚痴をこぼしたら、「なんで？　できるじゃん」と言われたことがありました。

できないと思うと、できない理由がたくさん出てきてしまいます。反対に「これがやりたいけど、できるためにはどうしたらいい？」と考えることで、何とかしてでもできる方法を考えられるようになります。

事実、このときの私の「やりたいけどできない」ことは小さなことで、やろうと思えば方法はたくさんあったのです。

会社員の頃は、何か提案しても「そんなの無理に決まっている」と言われることが多かったのですが、起業をしてからは、「そんなの無理に決まっている」と言われることが一切なく、周りの起業家の人たちは、「それいいね、どうやってやる?」というようなことを言ってくれます。

すべては「できる」前提で考えることで、実際にできるための方法が思いつくし、何とかすることで実際にできてしまいます。「無理だ、できない」と思ったとき、「できるとしたらどうやって?」に変換する癖をつけていくと、できることが増えていきます。

まずは思い込みでもいいのです。「私はできる、やれる」と思っていると、不思議なことに自分の中からできる自分が出現して本当にやり遂げられますし、できた自分を褒めていると楽しくなってきます。

SEをしていた頃、難易度の高い機能をプログラムで実装したとき、誰も褒めてはくれないので、「さすが私」と小さな声で独り言を言っていました。自分に自信が持てれば、周りに流されないで自分の仕事に集中することができます。仕事が早く終わる結果にもなり、とても効率的です。

負けず嫌いのすすめ

何度も書いているように、私は負けず嫌いです。その性格が、「最後まで絶対にやり切る!」という結果をもたらせてくれているような気がします。

負けず嫌いだと、自分にも負けたくないので、弱音を吐きません。とはいってもたまに全然仕事が終わらなくて、「ああ、どうしよう」「無理だ」と思うこともありますが、そんなときは、「ああ、仕事があってありがたい」と思うようにしています。

終わりそうもないような仕事があるということは、仕事がなくてどうしようと不安に思っていた頃より数万倍もいいことです。目の前の終わりそうもない仕事に対してありがたいと思えれば、気を取り直して仕事に向き合うことができます。

行き詰まったときは、パソコンの前から離れたり戻ったりしながら、たまにテレビを見たりしてリフレッシュしながら、少しずつ仕事に取り組みます。

世の中では、無欲だったり、諦めのいい人のほうが優れた人のように言われることもありますが、起業したいと思っている人にとっては、それよりも「負けず嫌い」であったほうがいいように思います。負けず嫌いのいいところは、高い理想を持ち、それを成し遂げられるところです。

負けず嫌いと言っても、他人と比べて勝ち負けや優劣をつけるのではありません。もちろん、「あの人に負けたくない」という競争心が原動力となって行動に移せることもありますし、実際に私もそういう思いが原動力となったことがいくつもあります。でも、他人と比べ続けていると心が疲弊していくので、ライバル心を持ち過ぎないようにすることも大切です。

よく、「ライバルは昨日の自分」と言いますが、「昨日の自分に負けないように」という考え方をしてみるといいかもしれません。

3 「得意なこと」だけでは続けられない

やりたいことの中に隠れているタスク

得意なことで起業しても、仕事というのは得意なことばかりで成り立つわけではありません。

例えば、「○○をやろう」と思い立っても、その1つの仕事の中に、実は10個くらいのタスクが隠れている場合があります。
○○をやるために、何をすべきかと考えていると、やるべきことがたくさんあって、なかなか手がつけられないことがあります。そんなときは1つひとつタスクを整理して、順番に片づけていくだけです。
一見、面倒くさいことのようですが、タスクを整理していると、頭の中も整理されていくので、自然と頭の中がすっきりとしてきます。

得意なことをやるためには、得意ではない作業もセットになっているので、それも含めて一緒にやっていくうち、得意ではないことも「苦もなく」できるようになっていきます。

食べ物の好き嫌いの多い人が、好きなものばかり食べて嫌いなものを食べないでいると栄養が偏ってしまうように、健康の維持のためには、好き嫌いなく食べることが重要です。どうしても苦手で食べられないものは、サプリなどで補うという方法もあります。

すべてをバランスよく食べているうちに、身体の調子が整ってくるのを自覚するのと同じように、仕事でも「得意なこと」だけやっていると、仕事の幅が狭くなっていきます。

どうしても苦手なことは、栄養をサプリで補うように外注し、バランスよく仕事ができるようになるのが理想です。

続けられる方法を探す

誰もが何事をも続けられるわけではないと思いますが、何事をも続けられた人だけが到達する地点があります。続けることが、起業の成功へとつながっていくのです。

得意ではないことをも続けていくコツは、習慣化することです。

If～thenの法則というのがあり、「○○をしたら□□をする」と決めることで、習慣化のコツを掴めることがあります。

例えば、毎朝コーヒーを飲むことを習慣にしている人は、コーヒーを飲んだあとには必ず領収書の整理をするとか、ランチのあとにはメールの返信を出すとか、やるべきタスクを生活習慣と結び付けていくという方法があります。

また、続けるコツには、やりたくないことを、「やりたくない」と意識し過ぎないようにすること、やりたくないことをやったあとの達成感を忘れないことも有効です。

面倒くさいなと思っていることほど、当たり前の習慣にしていくことで、苦もなくやれるようになってきます。行動を習慣化することで、生まれるメリットはたくさんあります。得意ではないことも簡単にやれるようになると、自信もつくし、余裕も出るし、仕事の幅も広がります。

継続は力なり

どんなことでも長く続けていくことで、自分自身が成長していけます。自分が成長すれば、会社も成長していきます。継続は力なりということわざがあるように、当たり前のことを当たり前に続けていくことができれば、当たり前は進化し、パワーとなります。

「千里の道も一歩から」、「ローマは一日にして成らず」です。どんなことも習慣にして続けていると、昨日とは違う道が、明日には見えてくるのかもしれません。

こんなふうに立派なことを言ってしまっている私ですが、趣味として始めたお料理教室は全然続きませんでした。趣味を持ったほうがいいかなくらいの気持ちで始めたのですが、もしかしたら今の私にとっての趣味は仕事なのかもしれません。

もちろん、仕事と趣味は別モノだとわかっていますが、仕事を続けているうちに仕事が楽しくなってきて、仕事の中に隠れていた「やりたくないこと」ですら、今は習慣として続けていくことができています。

得意なことを仕事にすると、セットになってついてくる得意ではないことも、いつのまにか得意とまではいかなくても「苦もなくできること」になったみたいです。

4　相手にとっての価値が続けるエネルギー

誰かとつながっている意識を持つ

起業をして、自分の仕事を続けていくためには、日々の習慣と感情に振り回されないことが大切です。仕事というのは自分以外の人と関わることなので、相手にも満足してもらえてこそです。例えばサロンを経営している方の場合は、お客さまの顔が見えるので、お客さまが笑顔で喜んでくれているのを見ると、よし明日も頑張ろうと思えるかもしれません。

私のように１日中パソコンの前にいて、誰とも話さない日々が続くような職種の仕事をしている場合は、パソコンの向こう側の人を想像して仕事をするといいです。私は、パソコンの向こうのお客さまの期待値を１２０％超えることを意識して仕事をしています。

家で１人で仕事をしていると、サボっても誰にもバレないし、日々のルーティンが苦もなくできるようになっても、仕事の効率が上がるようになっても、誰も褒めてはくれません。

誰かに褒めてもらうために仕事をしているわけではありませんが、常に誰かとつながっているような感覚を持ち、相手の期待値を超える仕事をすること、半歩先回りをするという意識を持って仕事をしています。

相手の顔を思い浮かべる

仕事をしているときに、具体的に仕事相手の顔を思い浮かべ、その人が笑顔になってくれるイメージを持って進めるのがベストです。

今やっている仕事が相手のためになり、相手が喜んでくれることで、自分自身も嬉しくなるような気持ちを持てると、1人で黙々としている仕事にも価値が生まれます。

仕事に価値が生まれることで、あなた自身の価値も上がります。1人で仕事をしていても、自分のためだけに頑張っているのではないと思えることが、やりがいにつながります。

自分のために始めた仕事でも、やがては必ず人のための仕事だと思えるようになってきます。仕事をしているときに、ときどき相手の顔を思い浮かべながら、満足してもらえるだろうか、喜んでくれるだろうかと考えることで、仕事に客観性が生まれます。

どんな仕事でも、必ず相手がいるので、それが例え目には見えない相手であっても、仕事をする以上、その相手に喜んでもらおうと思う気持ちが、あなたの仕事に「価値」を与えてくれます。

仕事の規模に関わらず、常に相手を思うこと。それが仕事をする上でとても大切です。

「目の前の人のお困り事を解決する」ことが、仕事の基本になります。

素敵な商品になりたい

私の場合、企業と仕事をすることもありますが、美容に関わるサロンのオーナーさんたちと仕事をすることも多いので、仕事をする上で、自分自身が素敵な商品になろうと思っています。

少し誤解を生むかもしれませんが、私が売れる商品になるという意味ではなく、美容サロンというところは「美しくなりたい人」が集まるところなので、オーナーさんたちが売る商品やサービスは素敵なものばかりです。

私という仕事相手が、そんなサロンに出入りしたり、オーナーさんと一緒に仕事をするからには、私自身、そして私の仕事も、素敵なものでありたいという意識が常にあります。

相手のことを考えながら仕事をしたほうがいいと書きましたが、私の場合は、素敵な人たちと仕事をしているので、どこかで、一緒に仕事をする方のためにも、私自身も私の仕事も、素敵な商品になっていきたいと思いながら仕事をしています。

私はいつも、自分の手の届かないような人たちと仕事をしたいと思っています。

そして、その人たちの価値や品格を下げないよう、自分を磨いていかなければいけないと常に思っています。それが私の仕事をするエネルギーになっているのです。

私は起業をするにあたり、「当たり前」にできる「得意なこと」から始めましたが、その「当たり前」をどんどん進化させていくために、常に上を向いて憧れの人たちと仕事をしています。

あなたにも「当たり前」にできる「得意なこと」があり、そして「憧れ」があれば、起業して続けていくことができます。

5　成功している人としていない人の違い

成功している人の5つの共通点

私の周りには、「成功している人」がたくさんいます。私はそんな方たちのそばでサポートをする仕事をしているので、「成功している人」には5つの共通点があることに気づきました。

成功者になりたいと思っていなくても、その方たちの姿勢は参考になりますので記します。

①言い訳をしない

まず私が気づいたことは、みなさん、できない理由、やらない理由を一切言わないということです。

「子どもが……」

「夫が……」

「お金が……」
「時間が……」
「でも……」
「だって……」
「どうせ……」

できない理由、やらない理由を挙げればきりがありません。私も、できない理由なら１００個くらいすぐに挙げられますが、言っても何も変わらないので、言わないようにしています。

成功している方たちは、やらない言い訳を一切言わず、「やる理由」を言って行動しています。

②「できる」前提

成功している方は、「できない」ではなく「できる」前提で物事を考えています。

「できない」と考えてしまうと、そこで思考は止まってしまい、すべての行動や考えが制限されてしまうので、どんなことでも「できる」から始めること。そうすると、「やるためにはどうしたらいいのか」という思考を巡らせるようになり、行動するしかなくなるのです。

私も起業する際、起業セミナーなどで学び、そのように考えるようにすすめられ、実践しています。

③基準値が高い

例えば情報発信などにおいては、２日に１回とか３日に１回とかの発信ではなく、毎日発信することを当たり前にしています。「毎日やること」として捉えているのです。

例えばチラシを配るときなどは、1000枚、10000枚配ることが当たり前となっているようです。100枚チラシをつくって配り、お客さんが来ない……と落ち込むのではなく、大量の枚数を配り、反応を見ながら傾向を分析しているようです。

成功している方たちは、きめの細かさやスピードを重視し、回数や合格点などについても基準が高く、みなさん妥協をしません。

「これくらいでいっか」という感覚はないようです。

④素直である

成功している方は専門分野の人からのアドバイスを素直に実行されています。自分の得意分野ではないことに関して、ちゃんと聞く耳を持ち、アドバイスされたことを「そのまま」実行しています。自己流アレンジを取り入れるのではなく、専門家の言うことに従ってみるという素直さには驚くほどです。すんなりと受け入れ、自分に足りないことを実践していく様子を見ていると、その吸収力の速さにも驚きますし、専門家のことを心から信じている素直さが、伸びていく要因なのだなと感じます。

⑤決断・行動が速い

みなさん口々に、「迷っている時間がもったいない」と言い、すぐに行動しています。

なぜ迷わないかというと、「判断する基準」ができているからです。自分の行く道（ゴール）が見えていて、どの道を進むべきか、瞬時に判断できるようです。

それに、「やらない」という選択肢がないので、「インプット」と同時に「アウトプット」する方もいるくらい、見聞きしたことはすぐに行動に移す方が多いです。

なので、結果が出るのが格段に速く、そしてまた次の行動へと移っていくのです。

見えているのは顧客の笑顔

私のクライアントさんたちは、才能にあふれた天才タイプの方も多く、華やかでエネルギッシュな方ばかりで、みなさんが一番に考えているのは、お客さまの笑顔のことです。

決して、自分の成功のことばかりを考えているわけではありません。売上目標のために商品を売ることもできるのですが、みなさん口々に「お客さまのためになることをしたい」とおっしゃっています。

自分のやりたいこと、やっていることの先に、お客さまの笑顔が見えているからこそ、1つひとつのプロジェクトを途中で諦めず、最後までやり切ることができるのです。

そして私は、そんなクライアントさんたちを尊敬しています。クライアントさんの笑顔、さらにはクライアントさんの先にいるお客さまの笑顔を想像しながら仕事をしています。

失敗という
データが
いっぱい
とれたから…
成功に
むすびついた！

第8章　起業・副業を成功に導く4つのポイント

1　仕事とは、誰かに価値を届けること

価値をつくる

誰かのために役に立つものを提供できること、それが仕事の価値です。

私は自分のできることを、クライアントさんのために最大限提供しています。

はじめはこんなことでいいのかなと思っていた私の「当たり前」にできることが、クライアントさんにとって「価値」として認めてもらえ、とてもありがたいと思っています。

「価値」とは、自分の中に眠っている可能性を引き出し、それをブラッシュアップさせ、人の役に立つために提供するものです。

それは、目に見える商品として提供できるものもあれば、おもてなしのようなサービスとして、目には見えないけれど人の心に寄り添うものなどもあります。

あなたが美味しいパンをつくれる人なら、美味しいパンを食べたい人にとって、あなたのパンは価値あるパンです。あなたが素敵な花の絵を描ける人ならば、毎日素敵な花の絵を見て過ごしたい人にとって、あなたの絵は価値ある絵になります。

社会生活の中では、壮大な価値を「創る」ことだけが重要なわけではなく、当たり前にできる価

値を「つくる」ことで、人の役に立てることがたくさんあります。

ゼロから創造するのは困難でも、自分の中にあるものを価値としてつくり上げることならば、自分をよく知ることで、誰にでもできることなのです。

価値を見つける

「私は何もできない」、「何の役にも立たない人間だから」、なんて思っていてはいけません。

誰だって、存在しているだけで誰かの価値になっているので、その中で、自分の「得意なこと」に気づければいいのです。

私のように、自分にとっては居心地の悪いところへ行くことで自分の価値に気づけたように、視野や行動範囲を広げてみると、これまで「当たり前」だと思っていたことが、「当たり前」ではなく「価値」だったのかと気づくことができるかもしれません。

普段の生活の中ではなかなか気づくことのできないあなたの「価値」は、人が見つけてくれることもあります。何かをやりたいと思っていても、何がやれるのかわからない、何をすればいいのかわからないというときは、とりあえず、いつも会っている人たちとは違う人たちの中に入ってみるという方法もおすすめします。

その中で、「あれ？　これは私にしかできないのかな」、「あ、これは他の人より得意だな」と思えることがあったなら、それがあなたの「価値」です。

そうして自分の「価値」に気づいたら、その価値をブラッシュアップして「付加価値」を生み出せばいいのです。人は誰でも価値ある存在です。あなたの中に必ずある「当たり前にできること」を「価値」にして、誰かに届けられるようになれます。

「何を買うか」ではなく「誰から買うか」の時代

時代は変わり、いいモノさえつくれば売れるという時代ではなくなりました。

例えば、同じような「商品」があったとしても、値段ではなく、好きな人から買いたいと思う時代です。あなたの「価値」を届けるには、あなたがまずきちんと自分の「価値」を知り、それが届くマーケットを知ることが重要です。つまり、あなたの「価値」に気づいた人が、あなたに仕事を依頼してくれたり、あなたが生み出す商品を買ってくれるのです。

業者にならない

価値に気づいて起業したときに、一番注意しなければいけないのは、「出入りの業者にならない」ということです。もちろん、業者になるという選択をする人もいると思いますが、起業をして責任を持つ立場になるということは、取引先と対等の立場になるということです。

誰かに「価値」を届けるというのは、うっかりすると下請け業者になってしまいがちです。企業などにとっての外注業者さんは、一段下に見られることが多いです。

「業者さん」は、何でもやってくれる人、無理をいっても平気な人、と思う人も一定数います。

会社員だったとき、外注業者の方に一緒にプロジェクトに入ってもらうことや、私が外注業者として取引先に出向くこともありました。知識もスキルもある外注業者の方には助けてもらうことも多く、心強い存在でした。ありがたいことに取引先の方も私のことを業者と一段下に見ることなく対等に接してくださいました。この経験が、いろいろな方といろいろな立場で仕事をする今の私の考え方や人との接し方につながっています。そして、相手が業者の人をどう見ているかもわかるようになりました。

「価値」を売るには、「価値」を買ってくれる人や場所を探さなければいけませんが、もしあなたのことを業者として軽く扱ってくるような相手がいたら、一線を引いておいたほうがいいです。

求められれば応えたいと思っても、そのような相手と仕事をしていると、会社員でいた頃と何も変わらなくなってしまいます。上司が取引先に変わっただけで、常に上から指示を受け続けるのであれば、起業した意味がありません。

自分の「価値」を届ける相手は、少し考えて選ぶのが賢明です。そして、私たちはお客さまを選ぶこともできるのです。

2　自分の喜びよりも、相手の喜び

好きな人と仕事をする

仕事は自分のためにするものですが、自分の生活のためにお金を稼ぎ、自分のやりがいのために仕事をしていると、確かに充実した生活にはなりますが、それだけでは続けることができません。

私は会社員でいたとき、好きな取引先のお客さまと仕事をしているときは楽しかったので、好きな人たちとだけ仕事をしたいと思って起業した一面もあります。

好きではない人のために仕事をするのはひと苦労ですし、苦手な人と仕事をして得られる報酬とストレス、苦手な人と仕事をしないことによる報酬のない不安を天秤にかけると、圧倒的に後者が勝ってしまいます。

なぜなら不安は自分で解消できるし、起業すると、仕事も仕事相手も自分で選べるからです。大切な自分の時間と労力を誰のために使うのか、誰にために使いたいのか、日々の仕事に追われているときこそ見直してみてください。

ありがたいことに、私は今、好きな人とだけ仕事をしています。好きな人と仕事をすることで、好きな人が喜んでくれることが、私の喜びにもなっています。

仕事は自分のためだけではなく、相手の喜びがあってこその仕事なので、今は好きな人とだけ仕事をしていますが、いつか苦手な相手とも仕事をできるようになったら、その方の喜びが自分の喜びだと思えるよう、自分の器を広げていきたいと思っています。

相手を思いやる気持ち

気持ちというのは目に見えないものですが、目には見えない気持ちを仕事に注ぎ込むことで、いい仕事ができたりします。それはたぶん、相手が喜ぶ顔を見たいと思って一生懸命仕事をするからだと思いますが、相手を思いやる気持ちがあれば、相手が何を望んでいるか、真剣に考えることができるのです。

仕事のシーンでは、優しい気持ちを持ってクライアントさんたちと接することは基本ですが、優しさと思いやりは微妙に違います。

「自分」がよかれと思って相手に何かをしてあげることが優しさで、「相手」が何を求めているかを考えてそれに応えようとすることが思いやりではないかと思っています。

乱暴な言い方をすると、「私」の喜びのための行為としての優しさは、仕事のシーンではマイナスに働くことがあります。「自分」がこうしてあげたいからと好意を押し付ける形の仕事をしていると、「相手」のやりたいことに気づくことができません。

「相手」のために、いい仕事の成果を出すためには、相手が何を望んでいるか見極めて、相手のペースを尊重しながら伴走し、相手が間違った方向へ進みかけたときにはきちんと方向変換を助言して、仕事だけではなく相手の成長をも思いやれる気持ちが大切です。

半歩先を読む

私が仕事で大切にしているのは、「半歩先を読み、半歩後ろに立ち、一緒に進んでいく」です。

半歩先を読むには、相手が望む未来を見据える視点が必要ですし、半歩後ろに立つには、謙虚な姿勢が大切です。そして一緒に進んでいくためには、相手の可能性を見極める必要があります。

相手を知り、相手のためになることを考えることが、よりよい仕事の成果を出すことができるので、仕事をする相手とは、信頼関係を築き、お互いに安心して仕事ができるよう、誠実に向かい合っています。

例えば誰かにプレゼントを渡したいと思ったとき、うっかり自分の好きなものを選んでしまう人もいますが、それをもらった人は、自己満足のプレゼントだなと気づいてしまいます。

本当にその人が喜んでくれるプレゼントを探すには、一瞬「自分」を消して、相手の笑顔を想像しながら選ぶ必要があります。

その「相手の笑顔を想像する」というのが、「半歩先を読む」ことです。そして、一瞬「自分」

を消すことが、「半歩後ろに立つ」ことです。

相手が本当に喜んでくれる「プレゼント」こそが、私が提供できる最高の仕事なのです。

3　相手の喜びと自分の得意なことを結びつける

ニーズとシーズのマッチング

顧客が求める潜在的な欲求に基づいて開発する商品やサービスである「ニーズ」。

商品やサービスを提供する側が、自社の技術や強みを発揮して提供する「シーズ」。

この2つが上手にマッチングすると、両者にとって、素晴らしい仕事ができるようになります。

「必要」を意味するニーズが「相手の喜び」で、「種」を意味するシーズが「自分の得意なこと」で、需要と供給とも呼ばれますが、ニーズとシーズと呼ぶほうが、イメージしやすいような気がしています。

どちらが先にあるべきか。私は、どちらでもいいと思っています。

例えば、自分が好きな人たちと仕事をしたいと思い、その人たちと仕事をするために自分には何ができるだろうかと考えてもいいし、自分の得意なことを活かすには、どんな人たちと仕事をすればいいのか考えてもいいのです。

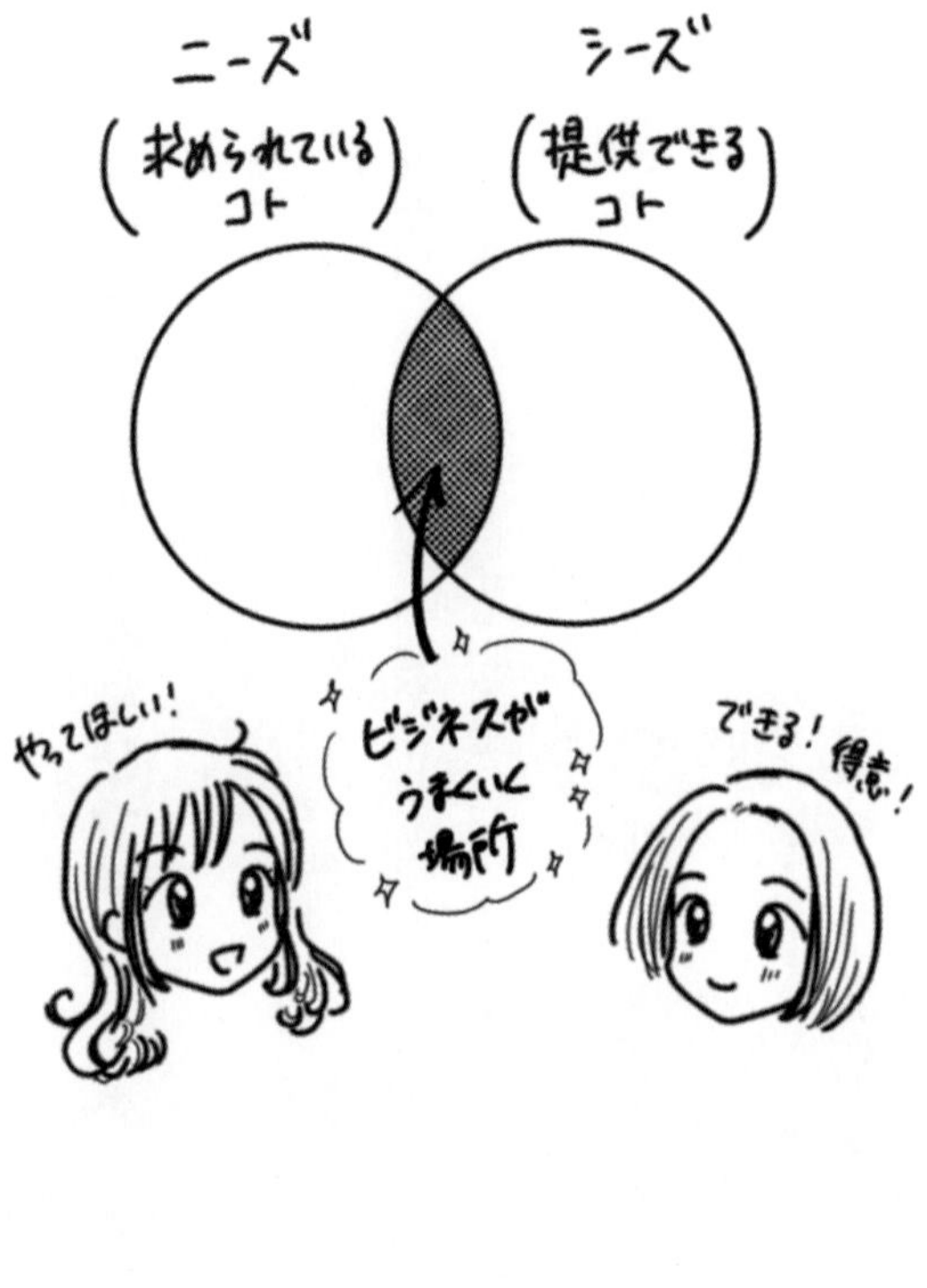
ニーズ
（求められているコト）
シーズ
（提供できるコト）
ビジネスがうまくいく場所
やってほしい！
できる！得意！

私の場合は、どちらが先という意識はなく、自分の得意なことが、自分の好きな人たちに喜ばれたという同時進行的なところがありました。

これは「幸福な偶然」でもありますが、それが実現するまでには試行錯誤を繰り返していましたから、ある意味、「目指した必然」でもあります。

常に、自分の好きな世界や自分の得意なことを知り、考えておくことで、幸運なマッチングが起こり得ますから、それが起きたときに迅速に動けるように、学び、知り、準備しておくことが必要となってきます。

あえて「私」がやらなくても

起業しようと思っていると、どんな仕事でもやらなければいけないのではないかと思ってしまうことがあります。確かに、これまで書いてきたように、思ってもいない作業までやらなければいけないのが起業するということですが、それでも自分の「時間」を大事にするためには、「これは私がやる必要ある？」と疑問に感じたことは、やらなくてもいいことです。

これはニーズとシーズの関係性と同じで、起業するからといって、自分が「シーズ」側に立ってしまうという意識ではなく、自分の「ニーズ」を誰かに提供してもらうという考えも持っていた方がいいのです。

「相手の喜び」と、「自分の得意なこと」を結びつけるためには、ときどき反対方向の、「自分の喜び」と「相手の得意なこと」を結びつけることをしてみるほうが、どちらの立場も理解できるようになるのでプラスになります。

「私」よりも、「私以外の人」のほうが、それを簡単にできるのならば、あえて「私」がする必要はなく、それをやる時間で、自分の得意分野を極めていく方が賢明です。

負ける場所に行かない

同じように、自分の得意分野に関しても、自分より上手にできる人はたくさんいます。

私が会社員だったとき、私よりもっとすごいSEさんたちに囲まれていたように、その道にはその道のプロがたくさんいるものです。

負けず嫌いな私だけでなく、あなたも、できれば「負ける場所」ではなく、「勝てる場所」へ行ってみてください。

もしかしたら、そんな簡単そうな方法は嫌だという方もいるかもしれませんが、よほどの才能に恵まれている人以外、「負ける場所」で勝負しないほうが、当たり前ですが「勝つ」ことができます。

負ける体験を積み重ねるより、勝つ体験を積み重ねるほうが、精神衛生上も有益です。その成功体験の積み重ねが自信となっていきます。

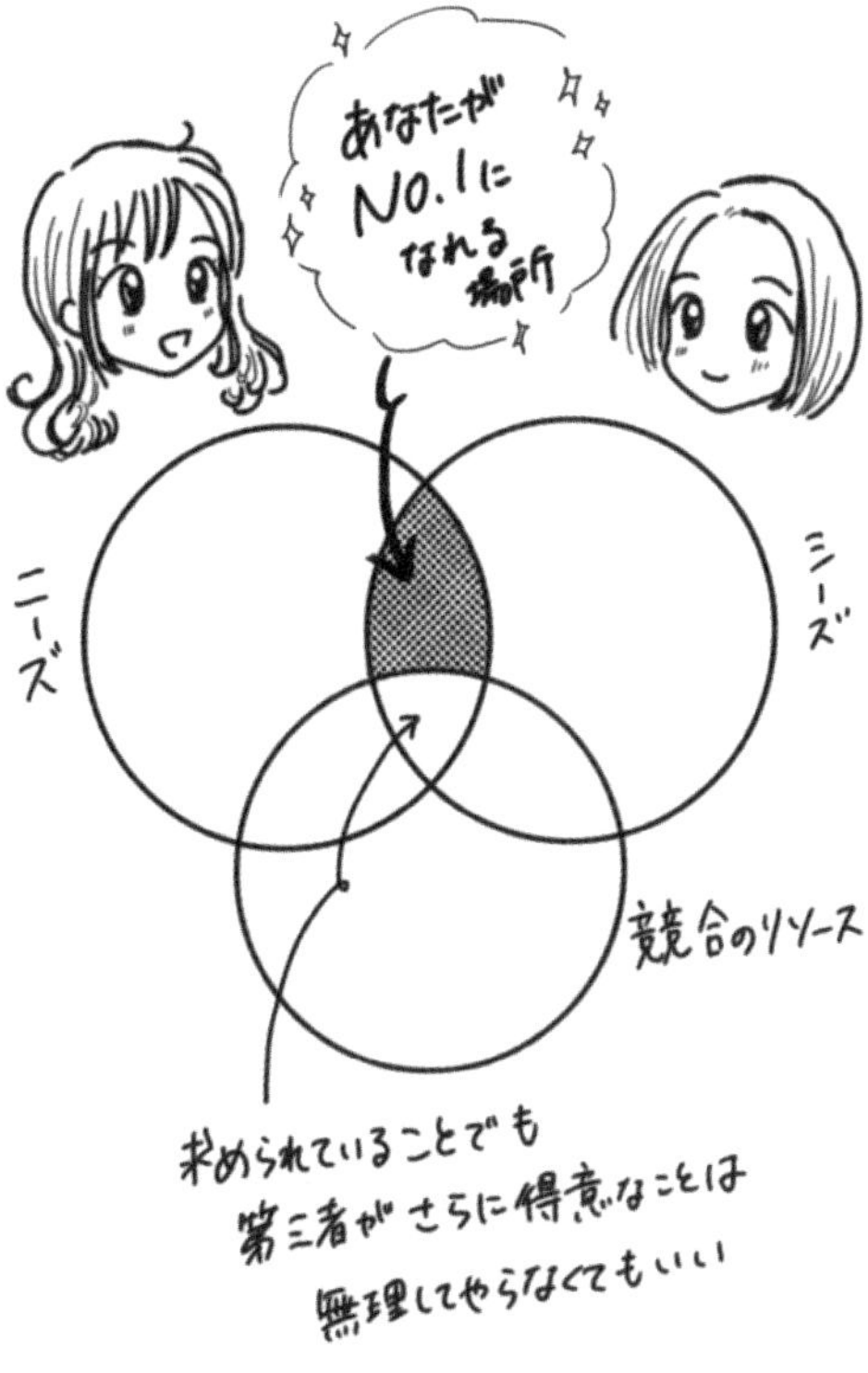
あなたが
No.1に
なれる
場所
ニーズ
シーズ
競合のリソース
求められていることでも
第三者がさらに得意なことは
無理してやらなくてもいい

共に高みを目指していく

競争の激しいところで「勝ちたい」と思われる方は、孤高の経営者になれるのかもしれません。

私は、敗ける場所には行かないことで、勝つことを選びますが、実は本気で「勝ちたい」と思っているわけではありません。

私が本当に目指しているのは、「勝つ」ことではなく「共存」です。

誰かの役に立ち、その誰かと一緒に高い理想を実現できるように、共に歩いていく。

これは私の理想なので、あなたの理想とは違うかもしれませんが、仕事をする上で、何を一番大切にするかということは常に考えておく必要があります。

利益を一番に考えるか、お客さまが満足することを一番に考えるか、自分のやりがいを一番に考えるか、人それぞれですが、みんなが共に幸せになり、利益も出すことができれば最高です。

経営者というのは、社会貢献を考えなければいけないと言われますが、それはボランティア活動をしなければいけないとかそういうことではありません。1人ひとりの人間が幸せになることで、社会はよくなっていくので、今、目の前にいる1人のクライアントさんを幸せにすることから、社会貢献は始まっているのだと思います。

クライアントさんの先にはたくさんの人がいますが、今の私にできることは、私の目の前のクライアントさんを幸せにすることだと思っています。それにより、その先のたくさんの人へ幸せの波紋が広がっていくことが私の理想です。

4　自分の得意を「武器」に変える

いつの間にか、必要なことは身についている

何度も書いているように、会社員として働いているうちに、私は知らない間にＩＴスキルという「武器」を身につけていました。

例えば、長い間接客業をやっている方は、知らぬ間に、他の人には真似できないような高いコミュニケーション能力や管理能力が身についているかもしれません。こつこつと１人で作業をする仕事をしている人には、集中力と粘り強さがあり、その結果、優れた問題解決能力が身についているかもしれません。

人はどうしても、日々行っていることに「価値」を見出せないものです。例えば、主婦歴の長い人にとっては、日々「当たり前」にやっている「家事」がどれだけすごい能力であるのか、家庭の中では認知されていないことが多いです。

「１万時間の法則」があるように、同じことを3年間継続できたら、プロフェッショナルであると言われています。あなたが当たり前に続けきたことはどんなことがありますか？

一歩踏み出してプロになる

家事のプロになった方が、起業してたくさんの従業員を雇うまでになったというのはよくあります。

飲食店や美容サロンで働いている人が、やがて独立して自分のお店を持つこともよくあります。

私のように会社員として長く働いている方なら、いつの間にか身についているスキルがあるはずです。総務の仕事をしているなら、総務のプロになれますし、ずっと営業をしているなら、営業のプロ、事務職の人なら事務のプロになれます。

会社に雇われている間に、当たり前にできるようになったことは、あなたの武器になることがあります。習い事をしているうちに、いつしか教えるほうに回るくらいに上達していれば、その世界のプロになれます。

プロフェッショナルになるというのは、とても大変なことのように思えますが、いつの間にかプロに近いところまできていると気づいたら、あとほんの少しだけ、その技を磨いていけばいいだけなのです。

自分はこの道のプロになれるかもしれないと思ったら、思い切ってそれを仕事にすることで、どんどん仕事のスキルが磨かれていき、プロフェッショナルになれるのです。

あなたのそのスキルを求めている人は必ずいます。

それぞれのソリューション

様々な場面で使われる「ソリューション」という言葉ですが、本来の意味は、「束縛から解放される」という意味のラテン語から派生した英語で、解決するという意味だそうです。

ビジネスシーンでは、課題を解決するという意味で使われていて、ＩＴ業界でもよく使われていました。私はクライアントさんの課題を解決するために、システムを開発していました。

「課題を解決する」というのは、それぞれの人がそれぞれの得意なことを活かして、課題を抱えている人に寄り添い、一緒に解決していくことです。自分の得意なことがわかっていれば、誰に、何に、どのように役に立てるのかわかってきます。

はじめはわからなくても、私のようにやっているうちにわかってくることもあります。本来の意味である「束縛からの解放」のために、自分で自分を縛っている思い込みや固定観念から解放されて、自分自身の「武器」を発見できたら素晴らしいことです。

ご褒美より先行投資

自分の「武器」を探すためには、セミナーへ通ったり、スクールへ通ったり、自分に投資してみるのもいいと思います。会社員でいたときは、ストレスを発散するために、頑張った自分にご褒美といって美味しいものを食べたり、きれいな服やバッグを買ってみたこともありました。贅沢なモノや消えモノにお金を使うのもいいですが、自分への投資として、未来の自分にプラスになるようなことにお金を使ってみるということも考えてみてください。

ご褒美のモノは、自己満足にはなりますが、自己満足止まりです。大切なのは、自己実現です。自分への投資は、それこそ将来的にはご褒美になりますから、目の前の美味しいもので体重をプラスしてしまうより、未来の自分のプラスになるような、自己実現のための上手なお金の使い方をしてみるのもおすすめです。

5 「当たり前」を進化させる

見せる資料ではなく魅せる資料へ

自分の「当たり前」を進化させるというのは、例えば、いつも当たり前につくっている資料を、「見せる資料」から「魅せる資料」にするということです。

「上手な絵」より、下手でも「感動する絵」のほうが人の心を動かすように、仕事というのも、人に感動を与えられるほうが、より意義を持ち、相手も自分も嬉しくなってきます。

それは何も、芸術的で創造的な仕事をしなければいけないというわけではなく、どんな仕事でも、相手を笑顔にする仕事ができれば最高なのです。「見せる資料」をつくっても、感謝はしてもらえても感動にまではならないかもしれません。「魅せる資料」をつくることで、相手の心が動き、笑顔になってもらえるならば、それは素敵な仕事です。

何か新しい知識や技術を身につけないと、相手に満足をしてもらえないということはありません。あなたがこれまで会社員として経験したこと、続けてきたことで、目の前の人に感謝されることはあります。

あなたが「こんなこと、みんな当たり前にできるはず」と思っていることほど、周りの人は当たり前にはできず、苦手であったり、できればやりたくないことであったりします。

自分が「当たり前」にできることを、より進化させることで、あなたの仕事は人を笑顔にできるのです。今、目の前にあるあなたの「当たり前」を、ぜひ進化させてみてください。

人それぞれの「当たり前」

当たり前ですが、当たり前の基準はみんな違います。

だからこそ、あなたの当たり前が、当たり前ではない人にとって「価値」となるのです。

そんなの当たり前だと思われるかもしれませんが、見過ごしがちな当たり前の「価値」に気づいた人だけが、起業家として成功していたり、副業して充実した生活をしています。

今いる場所がつらいからと、働く場所を変えてみても、同じようなストレスがあるかもしれません。それならばいっそ、働く場所ではなく、「働き方」を変えてみる。起業をしてみる。
あなたの「得意なこと」で起業できたなら、きっと仕事に夢中になれますし、何よりも仕事を優先したくなるかもしれません。毎日が充実して、仕事をするのが楽しくなり、あなたの人生は輝き出すかもしれません。

起業や副業というのは、実はあなたが思っているほどハードルは高くありません。
ただ、自分の中では「当たり前」と思っていた知識やスキルが、他の人にとっては「価値」があるのだという事実に気づけばいいだけなのです。

私は、ＩＴ業界というところで、専門的な知識やスキルを持った人たちに囲まれ、１つの価値観で評価をされる会社という環境の中で、「自分には何もない」「自分は価値がない」と思っていました。けれど、その環境を一歩どころか、たったの半歩抜け出しただけでも、私が当たり前にできることが他の人には当たり前にはできなくて、むしろそのことで感謝さえされるという経験をしています。

あなたの「当たり前」がほかの人にとっては「価値」ということに気づけばいいだけと言いましたが、あなたの「価値」ということをあなた自身が素直に認めて受取ってください。
あなたの「当たり前」が、あなたの「武器」となり、あなただけの「価値」が、人のため、世の中のために役立って、そして何よりあなたが幸せになれますよう願っています。

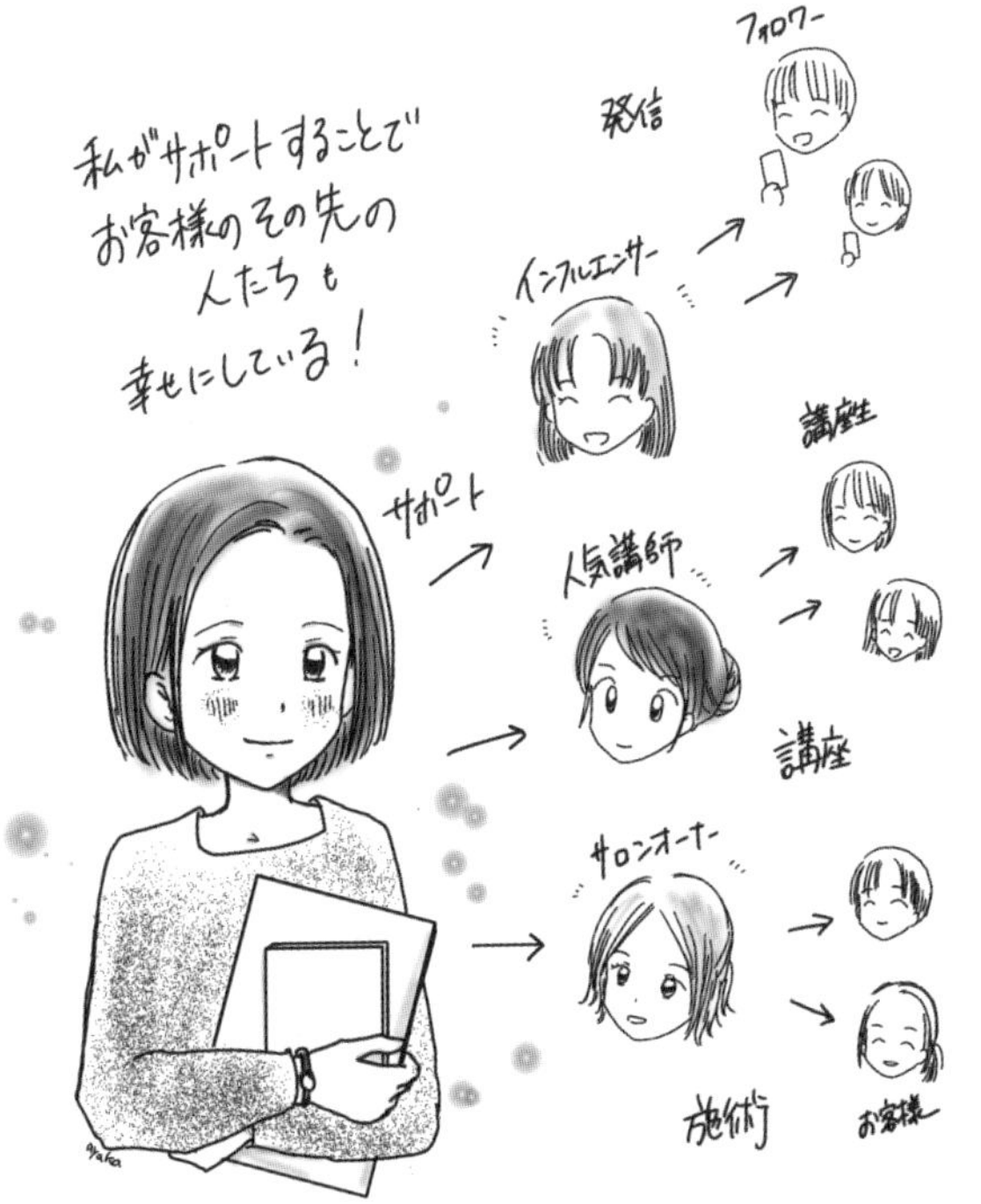
私がサポートすることで
お客様のその先の
人たちも
幸せにしている！
発信
フォロワー
インフルエンサー
サポート
人気講師
講座生
講座
サロンオーナー
施術
お客様

おわりに

「当たり前」の話を、最後までお読みいただきありがとうございます。

もし、共感するポイントが1つでもあったなら、とても嬉しく思います。

実は私は、今でこそ起業して会社を設立していますが、4年前までは、会社員をしながら週末や帰宅後の隙間時間を使って何かで副業をし、お給料＋αがあればいいな、くらいの気持ちでいました。とは言っても、「好きを仕事に」という特集の雑誌を手にしては、「私の好きなことって何だろう？」と、自分の好きなことすらわからない状態でした。

取引先のお客さまには感謝され、やりがいを感じてはいたけれど、「女性は男性の3倍頑張って、やっと同じ評価をもらえる」と何かの本で読み、ああ、確かにそうだなと諦めながらも、会社員でいる選択肢しか知らなかったのです。

同期の女性で役職に就く子もいましたし、転職していく子もいました。管理職の道を選ぶか現場に立ち続けることを選ぶかの選択の時が、私自身にもどんどん近づいてきているのを感じていました。

このままこの会社で仕事を続けて、どんな活躍ができるのだろう。

憧れていた女性の先輩は転職をしてしまった。

私には転職をするほど、やりたいことがあるわけではない。

後輩のために、私が頑張ってロールモデルになったらいいのか？

どれも違う。

何か変わりたい。

でも何をしたら変われるのか、私には何ができるのかわからない。でも変わりたい。

そんなグルグルと同じことで鬱々としていました。

私は、好きなお客さまとの仕事をしながら、お客さまの役に立つシステムを提供していきたいと思っていました。「おかげで仕事がラクになりました。ありがとう」というお客さまの言葉が嬉しくて、それがやりがいだったのです。会社で出世する道を選んだとしたら、現場を離れ、お客さまとのつながりは薄れ、責任は増え、でも最終的な決定はできないということはわかっていました。

それなら自分で選べる自由が欲しいと思いました。

不満を取るか、不安を取るか……。

会社員でいる間、私はずっと不満を取って、イライラしながらモヤモヤしながら、会社と家の往復をするだけの毎日を送っていました。お客さまとの仕事においては、やりがいもありましたが、いつ別の案件に回されるかわからないという小さな恐怖もありました。

28歳くらいのとき、自分はこのままでいいのかという漠然と不安がありました。

当時担当していた案件では、私の提案は全く通らず、お客さまに言われる通りの作業を淡々とこなすだけで、仕事にやりがいを感じられず、このまま30歳になるのかと、鬱状態一歩手前までいきました。

幸い、担当する案件が変わり、システムを開発する仕事に戻り、やりがいを感じることができましたが、小さな不満はいつもついて回っていました。でも、会社を辞めたとしたら、看板がなくなる不安、安定収入がなくなる不安、社会的信用がなくなる不安……。

不満より不安を取ることへの恐怖心が湧き、ずるずると、不満と不安を天秤にかけながら過ごしていました。会社を辞める勇気がないので、副業で何かを始めたいと思い、起業セミナーに参加していました。

好きなこともない、やりたいこともない、得意なこともわからない、そんな私のことを起業セミナーで出会った人たちは「20年も会社員していてすごいね」となぜか褒めてくれるのです。何がすごいのかを分解していくことが、本書で書いたような私自身の「価値」につながっていました。

半ば勢いで、会社を辞めてしまいましたが、「何とかなるかな?」「何とかするしかない」「何とでもなる」という、不満より不安を取る選択をし、気づいたら、始めた仕事が細々と継続的に続いて、なんとか乗り切っている自分がいました。

仕事が軌道に乗り、少し余裕が出てきた今、過去の私のように悩み考えている女性がいるならば、私の経験が少しでも役立つかもしれないと思い、本書を出版してみることにしたのです。

「何かを成し遂げたい」「好きなことを仕事にしたい」というものがない、ただの普通の会社員だった私でも、起業ができ、ありがたいことにたくさんのお客さまに囲まれています。

もし、あなたが「不満」にまみれて仕事をしながら、家と会社を往復するだけの灰色の日々を送っているのなら、人生に光を感じることができないでいるのなら、起業・副業をしてみることで、何かが変わるかもしれません。今のあなたの日常が、少しでも彩り豊かになるかもしれません。

私の「当たり前」が武器になったように、あなたにもきっと「当たり前の武器」があります。

本書を読み、それに気づくきっかけになれば、嬉しいです。

自分の力で、あなたの楽しい人生を、素敵にデザインしていってください。

最後に、本を出版するにあたり、私が学生時代に本の編集者になりたいと思っていたことを思い出しました。本の編集者になるため、情報学と図書館学を学ぶための大学へ進学したのに、なぜかシステムエンジニアの道へ進み、独立して会社の社長になっていました。そして今、編集者としてではないですが、こうして本を書くということが実現しました。

ここまでに至るにあたって、たくさんの方にご尽力いただきましたこと、感謝申し上げます。

おだ　ゆきえ

著者略歴

おだ　ゆきえ（おだ　ゆきえ）

Y's エスコート株式会社 代表取締役社長
プロモーター／IT エンジニア
20 年間にわたり、IT 企業でシステムエンジニアおよびプログラマーとして幅広いシステム開発や提供を手がけ、某大手部品メーカーの社内システムや生産管理システムを開発し、海外工場へ展開するなど、数多くのシステム開発やアプリ開発に携わる。
かつては月の残業時間が 100 時間を超えることもあったが、プロジェクトマネジメントスキルを活かし、タスクのスケジュール管理、リスク予測などを徹底した結果、プロジェクトメンバーの平均残業時間を 20 時間に抑える。また、お客さまとの協働により納期厳守、品質向上を常に心がける。その結果、顧客満足度は常に 90% を超えた。
退職後 2 年で法人設立。現在は、女性起業家や経営者、サロンオーナーなどに対し、広告運用からプロジェクトマネジメント、事務的業務まで包括的なサポートを提供。クライアントの売上を過去最高レベルに引き上げるなど、叶えたい未来への躍進をエスコートしている。

本書で紹介した「自分の強みを知るワークシート」「価格設定ワークシート」を公式 LINE からお受け取りいただけます。
公式 LINE にご登録ください。

普通の会社員でも起業・副業にチャレンジできる!
あなたの「当たり前」が武器になる
自分の価値を見つける７つのヒント

2024年 4 月26日　初版発行

著　者　おだ　ゆきえ　© Yukie Oda
発行人　森　　忠順
発行所　株式会社 セルバ出版
〒 113-0034
東京都文京区湯島 1 丁目 12 番 6 号 高関ビル 5 B
☎ 03（5812）1178　　FAX 03（5812）1188
http://www.seluba.co.jp/
発　売　株式会社 三省堂書店／創英社
〒 101-0051
東京都千代田区神田神保町 1 丁目 1 番地
☎ 03（3291）2295　　FAX 03（3292）7687

印刷・製本　株式会社丸井工文社

Printed in JAPAN
ISBN978-4-86367-885-9